"十三五"国家重点出版物出版规划项目

翻译学
核心话题系列丛书
Key Topics in
Translation Studies

外语学科核心话题
前沿研究文库

● 语料库翻译研究
Corpus-based
Translation Studies

基于语料库的翻译和语言接触研究

———— ✳ ————

Corpus-based Studies on Translation and Language Contact

庞双子 著

外语教学与研究出版社
FOREIGN LANGUAGE TEACHING AND RESEARCH PRESS
北京 BEIJING

图书在版编目（CIP）数据

基于语料库的翻译和语言接触研究 / 庞双子著. —— 北京：外语教学与研究出版社，2022.10（2024.12 重印）
（外语学科核心话题前沿研究文库. 翻译学核心话题系列丛书. 语料库翻译研究）
ISBN 978-7-5213-4069-3

Ⅰ. ①基… Ⅱ. ①庞… Ⅲ. ①语料库－翻译学－研究②语料库－语言融合－研究 Ⅳ. ①H059②H0

中国版本图书馆 CIP 数据核字（2022）第 203152 号

出 版 人　王　芳
选题策划　常小玲　李会钦　段长城
项目负责　都帮森
责任编辑　都帮森
责任校对　陈　阳
装帧设计　杨林青工作室
出版发行　外语教学与研究出版社
社　　址　北京市西三环北路 19 号（100089）
网　　址　https://www.fltrp.com
印　　刷　北京盛通印刷股份有限公司
开　　本　650×980　1/16
印　　张　14.5
版　　次　2022 年 11 月第 1 版　2024 年 12 月第 5 次印刷
书　　号　ISBN 978-7-5213-4069-3
定　　价　59.90 元

如有图书采购需求，图书内容或印刷装订等问题，侵权、盗版书籍等线索，请拨打以下电话或关注官方服务号：
客服电话：400 898 7008
官方服务号：微信搜索并关注公众号"外研社官方服务号"
外研社购书网址：https://fltrp.tmall.com

物料号：340690001

出版前言

随着中国特色社会主义进入新时代，国家对外开放、信息技术发展、语言产业繁荣与教育领域改革等对我国外语教育发展和外语学科建设产生了深远影响，也有力推动了我国的外语学术出版。为梳理学科发展脉络，展现前沿研究成果，外语教学与研究出版社汇聚国内外语学界各相关领域专家学者，精心策划出版了"外语学科核心话题前沿研究文库"（下文简称"文库"）。

"文库"精选语言学、应用语言学、翻译学、外国文学研究和跨文化研究五大方向共25个重要领域100余个核心话题，按一个话题一本书撰写。每本书深入探讨该话题在国内外的研究脉络、研究方法和前沿成果，精选经典研究及原创研究案例，并对未来研究趋势进行展望。"文库"在整体上具有学术性、系统性、前沿性与引领性，力求做到点面结合、经典与创新结合、国外与国内结合，既有全面的宏观视野，又有深入的细致分析。

"文库"项目邀请国内外语学科各方向的众多专家学者担任总主编、子系列主编和作者，经三年协力组织与精心写作，自2018年底陆续推出。"文库"已获批"十三五"国家重点出版物出版规划项目，作为一个开放性大型书系，将在未来数年内持续出版。我们计划对"文库"进行不定期修订，使之成为外语学科的经典著作。

我们希望"文库"能够为外语学科及其他相关学科的研究生、教师及研究者提供有益参考，帮助读者清晰、全面地了解各核心话题的发展脉络，并有望开展进一步深入研究。期待"文库"为我国外语学科研究的创新发展与成果传播做出更多积极贡献。

外语教学与研究出版社

2018年11月

目录

总序 ·· 王克非　xi

前言 ·· 庞双子　xvi

第一章　翻译和语言接触研究发展　　　　　　　　　　　　1

　　1.1　引言 ··1

　　1.2　关于语言接触研究 ··2

　　　　1.2.1　什么是语言接触？ ··2

　　　　1.2.2　语言接触研究的发展脉络 ··4

　　　　1.2.3　语言接触研究的理论基础 ··6

　　　　1.2.4　传统的语言接触研究方法 ··8

　　1.3　语料库路径的语言接触研究 ··10

　　　　1.3.1　语料库语言学的理论与进展 ··10

　　　　1.3.2　语料库翻译学的理论与进展 ··12

　　1.4　翻译路径的语言接触研究 ··14

　　　　1.4.1　翻译和语言接触研究的理论发展 ····································16

　　　　1.4.2　翻译和语言接触研究的实证进展 ····································22

　　1.5　小结 ···25

第二章　基于语料库的语言接触研究：研究方法　　　　26

　　2.1　引言 ···26

　　2.2　基于语料库的语言接触研究路径 ··26

2.2.1 基于语料库的语言接触研究课题 ·············29

2.2.2 研究方法和研究类型 ··················31

2.2.3 语料库语言学的研究路径 ·············32

2.2.4 语料库翻译学的研究路径 ·············34

2.3 基于语料库的语言接触研究的统计方法 ·············38

2.3.1 频率统计 ······················38

2.3.2 相关性分析 ····················38

2.3.3 方差分析 ······················39

2.3.4 多元统计方法 ··················40

2.4 代表性语料库介绍 ·······················42

2.4.1 "隐性翻译"（covert translation）项目的复合型

语料库研制 ····················42

2.4.2 英德 CroCo 语料库的研制 ·············44

2.4.3 特洛伊（TROY）多方验证语料库的研制 ·······46

2.4.4 英汉历时语料库建设和发展 ···········48

2.5 案例分析 ····························49

2.5.1 案例 1：基于"隐性翻译"项目的翻译语言

发展变化研究 ·················49

2.5.2 案例 2：基于英德 CroCo 语料库的翻译文本

规范性和透过性研究 ············52

2.6 小结 ····························54

第三章　基于语料库的语言接触研究：跨语言对比　　56

3.1 引言 ···························56

3.2 基于平行语料库的语言接触研究 ·············57

3.3　基于类比语料库的语言接触研究·················64

　　3.3.1　基于书面语和口语类比语料库的研究·············64

　　3.3.2　基于语言变体的类比语料库研究···········66

3.4　基于复合语料库的语言接触研究·············67

3.5　小结·····················73

第四章　翻译和语言接触研究：文本分析　　　　　74

4.1　引言·····················74

4.2　翻译文本类型和语言接触的结合·············75

　　4.2.1　基于文学翻译文本的语言接触研究·············75

　　4.2.2　基于非文学翻译文本的语言接触研究·············77

4.3　翻译文本特征和语言接触的结合·············78

　　4.3.1　早期翻译探讨中的语言接触认识·············78

　　4.3.2　语料库翻译研究中的语言接触研究·············79

4.4　翻译文本特征的语言接触研究分析维度···········80

　　4.4.1　源语透过性·················80

　　4.4.2　翻译显化特征·················81

　　4.4.3　翻译文本调节性特征（mediation effect）·········82

　　4.4.4　翻译文本呈现不足（under-present）·········84

　　4.4.5　翻译语言接触变体的研究·············84

4.5　案例分析·····················86

　　4.5.1　案例1：翻译语言项呈现不足研究·········86

　　4.5.2　案例2：翻译调节性和语言接触的研究·········89

4.6　小结·····················92

第五章　翻译路径的语言接触研究：实证研究　　　93

　5.1　引言 ··93

　5.2　词汇层面 ···94

　5.3　语法层面 ···99

　5.4　其他层面 ···101

　5.5　案例分析 ···103

　　　5.5.1　词汇层面的研究案例：Malamatidou（2017a）······103

　　　5.5.2　语法层面的研究案例：Bisiada（2016）·············107

　5.6　小结 ··110

第六章　基于语料库的英汉语言接触研究　　　112

　6.1　引言 ··112

　6.2　汉外语言接触概述 ··113

　　　6.2.1　早期汉外语言接触 ····························114

　　　6.2.2　现代汉外语言接触 ····························115

　6.3　英汉语言接触研究概述 ···································117

　6.4　21 世纪以来英汉语言接触研究新进展 ···············123

　　　6.4.1　词汇研究 ···································124

　　　6.4.2　语法研究 ···································126

　　　6.4.3　关于翻译汉语欧化特征 ····················130

　　　6.4.4　欧化汉语研究的发展态势 ··················132

　6.5　案例分析 ···132

　　　6.5.1　翻译语言的源语透过性研究案例：Dai & Xiao

　　　　　　（2011）···133

6.5.2 衔接词显化特征的语言接触研究案例：

Pang & Wang（2020）·············· 135

6.6 小结 ·· 138

第七章 基于语料库的翻译和语言发展变化动因研究 139

7.1 引言 ·· 139

7.2 语言因素 ·· 140

7.3 社会因素 ·· 145

7.4 认知因素 ·· 149

7.5 翻译因素 ·· 152

7.6 案例分析 ·· 155

7.6.1 案例1：翻译领域的语码复制框架研究 ········ 155

7.6.2 案例2：翻译产品和翻译过程的双重动因阐释 ····· 159

7.7 小结 ·· 162

第八章 研究贡献与发展前景 164

8.1 引言 ·· 164

8.1.1 对翻译研究的贡献 ····························· 164

8.1.2 对语言接触研究的贡献 ······················· 166

8.2 基于语料库的翻译和语言接触研究的趋势和前景 ········· 168

8.2.1 语言接触研究理论与实证的深度结合 ········· 168

8.2.2 基于语料库的语言接触理论与多学科的拓展 ······· 168

8.2.3 语言接触研究与语料库翻译研究核心问题的融合 ··· 169

8.2.4 多元化实证研究方法和多语语料库建设 ········ 170

8.3 小结 ·· 172

参考文献······174

推荐文献······200

索引······203

总序

翻译是沟通不同语言文化的中介和桥梁；翻译也是不同语言容器里文化内容的交换。人类的进步、文化的繁荣皆与翻译密不可分，怎么估量它的意义也不为过。然而，翻译的价值至今未得到应有的评价，对翻译活动及其影响的研究也远远不够。

季羡林先生曾从事非常重要的文化翻译工作，对翻译有着深切的体会和极高的评价。他谈及五千年中华文明虽历经波折却始终绵延不绝、蓬勃发展的原因时，曾这样说：

> 倘若拿河流来作比，中华文化这一条长河，有水满的时候，也有水少的时候，但却从未枯竭。原因就是有新水注入。注入的次数大大小小是颇多的。最大的有两次，一次是从印度来的水，一次是从西方来的水。而这两次的大注入依靠的都是翻译。中华文化之所以能长葆青春，万应灵药就是翻译。翻译之为用大矣哉！

一语道尽翻译对中华文化的演进、对人类各民族文化交流发展的巨大作用。

翻译活动最基本的三个要素是语言、文化和译者。语言离不开民族、社会、文化，并浸润其中；双语文本转换离不开执行转换的人，即译者；

译者则必定是因某种语言文化滋润而生又受到另一种语言文化"增补"的人。于是，翻译成为语言文化间的信使。在翻译三要素中，最容易看见也最容易理解的是语言这个要素。因此，从古至今对翻译的关注都从语言开始，都跟语言分不开。这既是说，若没有语言，翻译就无所依附；同时又是说，若没有千差万别的语言，也就不需要翻译。因此翻译与语言有天然的联系。

但我们说翻译离不开语言时，并不意味着翻译是语言的附庸，或语言可以完全离开翻译。一方面，翻译与语言几乎是共生的，没有脱离语言的翻译。另一方面，我们不难看到，若无翻译，语言的交流、认知和传承等重要功能就难以充分展开；没有翻译，人们只能与来自本地域的人而不能与来自其他地域的人深入交流和沟通；没有翻译，人们对世界的认识和描述也受到局限，不能同其他地域操不同语言的人们分享经验和探讨问题；没有翻译，知识的传承范围有限，受益范围有限。Casagrande（1954：338）在考察翻译目的时提出了"译者事实上不是在翻译语言，而是在翻译文化"的观点。这可以从三方面来解释：一是翻译所涉及的两种语言都是一定社会文化的产物；二是翻译活动的动因及其影响背后都有文化因素在起作用；三是翻译的难点有时并不单在语言的差异上，而是在文化的距离上。

由此可见，翻译的中介性是双重的，它不但表现为传统认识上将一种语言翻译为另一种语言这样直接的中介性，还有另一层意义上的中介性，即译文间接地对所译入的母语及其文化产生不同程度的影响。所有这些都表明，翻译是一项极为复杂、特殊的人类思维与人类交往活动。

对于翻译这样重要而又复杂的活动，千百年来人们抱有经久不衰的好奇心和探究心：

从思维层面尝试阐释上述翻译沟通问题，是理论翻译研究的着力思考点；

从实践层面努力解决上述翻译沟通问题，是应用翻译研究的关注重点；

从历史文化的角度分析上述翻译沟通问题，是翻译文化研究上下求索的要点；

从各类语料库驱动的视角考察上述翻译沟通问题，是语料库翻译学的兴趣所在；

从古至今频繁进行的口译活动，则是探究隐秘心理过程的关键实验台。

这套"翻译学核心话题系列丛书"即分理论翻译研究、应用翻译研究、翻译文化研究、语料库翻译研究以及口译研究五个板块，对翻译问题给予了全方位的关注。

"理论翻译研究系列"梳理国内外翻译理论的发展脉络，从哲学和文化层面总结概括翻译学方法论在中西方的发展历史及特点，并对翻译研究中起步较晚、发展较快的新兴研究领域作了重点介绍。本系列首批计划推出《国外翻译理论发展研究》《翻译过程研究：理论、方法、问题》《译学方法论研究》《翻译认知过程研究》等四部图书，其特点如下：(1)纵横阐述。这些图书既从历时的角度描述了翻译学理论和方法论的发展历程，还对当前的主要观点和流派，特别是对最新的认知心理过程研究模式作了细致的分辨和论述。(2)中外互鉴。对不同时期、不同流派的理论作了系统归纳，透视出中外文化背后哲学思想和理念的异同。(3)点面结合。既有对理论和流派的全面梳理，又兼顾对研究热点和研究走向的前瞻式分析。

"应用翻译研究系列"首批推出的选题不仅有致力于翻译教学方法和实施效果探讨的《翻译教学研究》，以及以翻译教学应用为导向的、以实证型研究方法为主的《翻译测试与评估研究》和《翻译能力研究》，还包括探讨翻译技巧、翻译策略在具体领域(如科技翻译、商务翻译、新闻翻译等)中如何应用的《实务翻译研究》。此外，随着计算语言学等学科的发展，翻译技术发展迅速，成为现代翻译实践中不可或缺的要素，《翻译技术研究》也是本系列首批推出的选题之一。

  "翻译文化研究系列"重在探讨翻译对于文化(尤其是译入语文化)的意义和影响以及文化对于翻译的制约作用。翻译文化研究是在当下学科疆域迅速扩大的背景下,指导我们在译学领域如何做到"古为今用""洋为中用"而展开的重要译学课题之一。这个系列包括中国和西方的翻译文学、文化史研究,中国典籍外译研究,以及中文小说的英译研究,这些都是我国近十年来翻译研究发展最为显著的领域。此外,该系列还有专著对翻译史研究方法加以阐述。

  自20世纪90年代以来,随着各类双语语料库的创建,越来越多的研究者采用平行语料或类比语料进行翻译研究。语料库翻译学的研究方法日益受到研究者青睐,研究范围涉及翻译语言特征、译者风格、语体变化、语言对比、翻译规范、翻译教学、语言接触以及相应的双语语料库技术等等。"语料库翻译研究系列"首批策划出版的选题包括以下六部:《语料库翻译学理论研究》《双语语料库的研制与应用》《语料库文体统计学方法与应用》《基于语料库的文学翻译研究》《基于双语语料库的应用翻译研究》和《基于语料库的语言接触研究》。这些选题重视理论与实践结合,兼顾文学文本与应用文本翻译,将数据检索与统计方法运用到语言和翻译研究当中,实现了宏观与微观、定量与定性、形式和意义、文体和诗学分析的有机结合,代表了大数据时代语料库翻译学研究的最新进展。

  作为翻译学的一个子学科,口译研究十多年来发展迅速,摆脱了过去经验式的探讨,开始运用现代技术开展关于口译(包括同声传译和交替传译等)认知过程的各类实证研究。"口译研究系列"首批推出的选题包括从学科建构视角梳理口译研究的发展脉络和方法路径、提出整体性口译研究框架的《口译理论研究》,致力于口译教学方法应用和实施效果探讨的《口译教学研究》,以及系统探讨基于语料库的口译研究并提供新的研究思路和方向的《语料库口译研究》。

　　以上也是近二十年来国际译学研究所涉及的主要方面。当然，丛书也有未顾及的一些问题，如翻译叙事研究、机器翻译、译者主体性、女性主义和后殖民主义等，也许以后还有机会弥补。我们期待通过这套丛书，与读者共同探讨翻译研究的种种重要问题，梳理相关研究的国内外进展，评介主要的理论、方法、流派，判断和设计研究课题，分析今后的发展趋势，并推介重要的参考文献。希望读者朋友，特别是初涉翻译研究的青年研究者能够开卷受益，拓宽视野。

王克非

北京外国语大学

2018年11月

参考文献

季羡林，2007，《季羡林谈翻译》。北京：当代中国出版社。

Casagrande, J. B. 1954. The ends of translation. *International Journal of American Linguistics* 20: 335-340.

前言

　　古往今来，无论中外，翻译对各民族各地区间的语言、文学、文化等诸多方面的交流起着至关重要的促进作用。翻译是两种或多种语言之间的跨语言活动，因此翻译活动必然带来语言间的接触。近些年，随着翻译学科的发展以及实证翻译研究的兴起，语言接触（language contact）因素在翻译研究领域中的作用逐渐凸显。语言接触的研究视角对语料库翻译研究领域的发展起到了极大的推动作用（Viernes 2020；House 2011a，2011b；Kranich，Becher，Höder & House 2011；Malamatidou 2018；Trips 2020）。这种推进性既体现在对第三语码（the third code）研究的拓展，即从共时到历时、从语言内到语言外、从翻译共性的"神秘"之说到其影响因素的诠释，也体现在对翻译影响下的语言发展史的贡献。历史语言学学科中的语言接触研究正在潜移默化地推动着语料库翻译学科的拓展。

　　语料库翻译研究与语言接触研究有着天然的联系和契合。在现代语言学领域，两者都可以用来诠释语言的动态发展和变化，有利于我们认识翻译的本质以及语言发展的规律。追本溯源，基于语料库的翻译和语言接触研究是两个学术领域交互发展的结果：一为历史语言学领域，又称历时语言学（Campbell 1998：3）；另一个则为语料库翻译研究领域。一方面，以往的历史语言学研究鲜有将翻译研究囊括在内，而将语料库翻译研究融入语言接触领域可以为语言之间的影响和变化提供科学而确凿的证据，促进其实证化的转向。另一方面，由于语料库翻译研究近些年聚焦翻译共性等特征，忽略了其他因素的影响，而语言接触研究既为语料库研究提供了新的理论视角，也必将拓宽和深化语料库翻译研究的范畴。

20世纪末期，国际学界兴起的语料库翻译学在经过二十余年的发展后，从最初的对翻译共性的验证向更多领域迈进，第三语码的神秘面纱也逐渐被揭开。在语料库实证研究的拓展阶段，语言接触研究占有重要的位置。经由翻译的语言接触会为一种语言带来词汇的扩充、概念的植入、句式的变化、修辞的丰富等，这类现象可以称为透过翻译的语言接触。无论是在欧洲，还是在我国，翻译和语言接触研究都有着厚重的历史积淀。随着语料库技术的发展，基于语料库的实证研究也成为该领域发展版图中最为生动的部分。

在实证研究的推动下，该领域在过去的20年间取得了新的进展。例如，Kranich, Becher, Höder & House（2011）将口语语言接触中所形成的机制和规律应用于书面语研究，探索语言之间通过书面语接触的机制和规律。这是在以翻译为导向的语言接触领域中的第一次较为系统的考察，将该领域的研究推进了一大步。Bisiada（2013）通过构建历时语料库考察英德语言连接词形合和意合的变化。研究在考察英德语言接触的同时，发现句子自身的简化趋势起着较为重要的作用。Malamatidou（2017a, 2017b）通过对译本中词汇的考察，发现语码复制过程中的"创新"和"改编"等因素会对目标语语言发生影响。

在我国，就汉语语言发展而言，一百多年来，现代汉语白话文的发展与现代文学翻译、学术翻译、科技翻译等有着密切的关联，是透过翻译的语言接触研究的富矿区。21世纪以来，随着国内外有关汉语平行语料库和类比语料库建设的推进，围绕汉语的语言接触研究在翻译文本特征、欧化语言、现代汉语语言的发展等相关领域得到了极大的发展。

一方面，将语言接触研究融入语料库翻译领域，促进了翻译文本特征的历时考察，为具有争议性的翻译共性特征考察提供了新的视角。例如，开启了翻译语言变体作为"受限语言"（constrained language）的观测点，拓宽了第三语码的研究。语料库的实证性分析也拓展了翻译领域的理论建构。基于语料库的翻译和语言接触研究既有社会因素的考量，也有认知因素的参与，必然会有力地推动语料库翻译研究领域的理论建构和翻译模型的完善。

另一方面，语料库翻译研究推动了语言接触研究在理论和实证层面上的发展。在理论层面，基于语料库的翻译文本和原创文本的对比推动了书面语言之间的语言接触研究，打破了以往语言接触研究局限于口语语体的局限，增添了书面语言接触和口语语言接触之间的可比性，促进了书面语言语言接触的理论建构和发展。在实证层面，语料库翻译研究的新方法继承和更新了传统历史语言学的量化统计方式和技术手段，提高了研究成果的科学性和客观性。双语语料库的发展之于语言接触研究相当于活水注入，极大地促进了该领域的文本化发展趋势。与单语的历史语料库观测不同的是，双语语料库的考察可以使我们管窥语言接触和变化的内在机制，将翻译这一重要的历史性活动纳入语言发展和变化的考察领域，对语言变化的影响因素进行更为全面的分析。

本书主要就基于语料库的翻译和语言接触这一新兴研究领域的理论基础、发展脉络、研究方法、研究内容等进行梳理和分析，并对其研究类型进行划分，旨在带领读者了解语料库翻译研究中的新兴领域，知晓与国际接轨的研究课题，展望其发展趋势，并希望能更加有力地推动语料库翻译学科的发展。

本书内容共八章。第一章重点讲述翻译和语言接触研究的发展，包含语言接触研究、语料库路径的语言接触研究和翻译路径的语言接触研究，旨在介绍翻译和语言接触研究的理论基础和发展脉络，梳理国内外的相关研究文献。第二章主要探讨基于语料库的语言接触研究中所涉及的研究方法，阐述语料库语言学和语料库翻译学的主要研究方法，并重点介绍国内外具有代表性的语料库建设，简述相关代表性研究。第三章主要阐述跨语言的语言接触研究，通过比较两种或者多种语言之间的互相影响，考察语言之间在词汇或者语法层面的异同，主要根据语料库的类型对跨语言对比导向的语言接触予以分类并进行代表性案例分析。第四章从文本分析的角度探讨翻译和语言接触研究，主要从翻译文本类型、翻译文本特征和语言接触研究的结合等方面展开。第五章考察翻译路径的语言接触研究，从词汇、语法、语体、文化等层面分别考察其研究路径和研究特点。第六章对汉外语言接触中的英汉语言接触进行分析和考察，着重对英汉语言接触发展的脉络进行介绍，重点分析基于语料库的英汉语言接触研究。第七章关注的是透过翻译的语言接触的动因研究，分别从语言因素、社会因素、认知因素、翻译因素等层面进行考察和分析。第八章重点阐述基于语料库的翻译和语言接触研究成果对翻译研究和语言接触研究这两个领域的贡献，并指出发展的趋势和前景。

本书成书辗转近一年，囊括了笔者读博和博士后期间的研究和思考，在此分享和呈现给读者，以期达到抛砖引玉的效果。本书部分内容的写作也得到了本人2020年主持的国家社科基金项目的支持。在此，我衷心感谢我的博士导师、北京外国语大学讲席教授王克非先生，他的学术判断和治学精神一直深深影响着我。感谢我的博士后合作导师胡开宝教授对我研究的认可和鼓励，让我有机缘走向更为宽广的学术舞台。感谢上海交通大学外国语学院的领导和同事的支持和关心，让我不断感受到志同道合的力量。感谢我的父亲，一直鼓励我做好研究，在他病情危重之时仍然惦记我的工作进展。这部著作也献给他们。

庞双子

2022年5月15日于上海

第一章 | 翻译和语言接触研究发展

1.1 引言

古往今来，翻译是语言接触的重要门径之一。经由翻译的语言接触会为一种语言带来许多词汇的扩充、概念的植入、句式的变化、修辞的丰富等等，这类现象可以称为透过翻译的语言接触（language contact through translation，简称LCTT）。这类语言接触现象的研究使我们更清楚地看到语言发展变化的脉络和语言发展变化的动因。然而，翻译和语言接触的研究在很长一段时间内都受到忽略，原因有二：一是缺少有效的手段对其进行测度，二是学界对翻译的一些固有认识限制了"翻译"本身所涵盖的交际性等范围（Ožbot 2016: 134）。

无论是在遥远的欧洲，还是在我国，翻译和语言接触的研究都有悠久的历史。在欧洲，早在公元前1世纪，在从希腊语到拉丁文以及此后从拉丁文到英语和德语等多种语言的产出过程中，翻译都对目标语语言的发展产生了深远的影响。在我国，就汉语语言发展而言，一百多年来，现代汉语白话文的发展与现代文学翻译、学术翻译、科技翻译等有着密切的关联，成为透过翻译的语言接触研究的富矿区。

近些年，通过语料库的建设和相关实证研究，国际学界在该领域涌现出一系列丰富且有意义的研究，有力地证明了翻译这种语言接触的途径对

1

语言发展和变化有着特别的影响。本书所述的翻译和语言接触是两个研究领域,这两个研究领域的结合有利于我们探究翻译现象的本质,有利于考量翻译触发的语言发展变化规律和机制。

本章作为全书的开篇,主要介绍语言接触的概念、发展脉络和理论基础,重点介绍基于语料库路径的语言接触研究和基于翻译路径的语言接触研究,带领读者了解这一新兴领域。

1.2 关于语言接触研究

1.2.1 什么是语言接触?

语言接触,顾名思义,是指两种或多种语言之间相互接触并发生影响。语言接触隶属历史语言学(historical linguistics)范畴。在历史语言学领域,语言接触(language contact)是指两种或者两种以上的语言(抑或语言变体)相互作用(Campbell 1998: 298)。关于语言接触的定义,根据Weinreich(1953: 1)所述,"当一个人可以交替使用两种语言,这个人便会成为语言接触的发生域"。交替使用两种语言的实践行为称为双语现象,使用双语的个体称为双语者。由于双语者熟悉一种以上的语言,在使用中偏离任何一种语言的情况,便是语言接触作用的结果,这种现象往往可称为"干扰"(interference)。这些语言现象及其对语言接触场景中任何语言常规的影响便是语言接触领域所要研究的对象。

关于语言接触的分类,从接触的途径来看,Filipović(1986: 54)将其分为两类:"直接接触"和"间接接触"。"直接接触"发生在双语者主动与人交流时所使用的语言之中(同上: 51)。这类语言接触主要表现在"词汇、短语、句子、句群和语篇"(同上: 51),亦即可以发生在整个语言系统中。"间接接触"则主要通过书面语或口语媒介,尤其是大众传媒进行传播。在这类接触中,只有部分语言系统会受到影响。本书所关注和探讨的主要为后者，即基于书面语言或者口语媒介的语言接触研究。

根据Winford（2003），语言接触的结果大致可以分为三种：语言维持（language maintenance）、语言转变（language shift）、语言创造（language creation）。语言维持是指通过语言接触产生的语言变化只在短期内发生较小的改变，其他系统，包括语音、字形、句式、语义以及核心词汇都相对完整稳定。最典型的现象就是词汇的借用（borrowing）、结构上的聚合（structural convergence）、语码转换（code-switching）（Winford 2003：11-12）。语言转变是指对目标语较大程度上的接受，如美国的第三代移民对美国英语的使用情形（Winford 2003：15）。语言创造则是一种新型的语言接触形式，如双语混合语言的混合成分来源于对语言的创造，虽已规范化，但其构成可以追溯至某一种源语成分（Winford 2003：18）。

引起语言发生变化的因素有很多，语言接触是其中一个很重要的因素。有学者称其为"接触引发的语言变化"（contact-induced language change），并将有关语言接触的研究称为"接触语言学"（Contact Linguistics）。接触语言学所关注的内容包括借用、多语主义、地域语言学、皮钦语和克里奥尔语、语言改变和维持、濒危语言，以及其他主题。语言接触由于是语言变化起因的一种，因此也一直是历史语言学家的研究内容。

"接触语言学"这一术语可追溯到1979年，其正式提出是在布鲁塞尔举行的第一届"语言接触和冲突"的国际会议上。此领域有明确的研究问题和研究目标。根据Winford（2003：5）所述，接触语言学的研究问题包括：不同的语言接触下，人们如何采用和改编；如何解释这些现象；以及这些现象背后的语言和社会的因素是什么。接触语言学的研究目标是研究不同语言之间接触的情形、引发的结果以及影响这些结果的语言内部和外部生态的相互作用。核心内容集中在语言接触所产生的效应上。Weinreich（1953：86）对此亦有过论述，即从社会语言学的角度对双语社会进行描述以及从语言结构对其进行描述是干扰研究（interference study）的终极目标。Winford（2003：10-11）进一步阐述了接触语言学的目标是从语言学和社会文化两个方面揭示哪些因素会影响不同语言变体使用者之间语言接触的结果。

接触语言学领域植根于19世纪各类语言接触情境及成果的多学科研究，如Hesseling（1899，1905）、Schuchardt（1882，1883）及其他混合语的研究。之后至20世纪早期，出现皮钦语的形成（Broch 1927）、语码转换（Braun 1937）、语言维持和转换（Kloss 1927）、移民语言（Herzog 1941；Reed 1948）等研究课题。Winford（2003）认为接触语言学属于多学科的研究范畴，建立在历史语言学、社会语言学和心理语言学等学科的基础之上。Weinreich（1953）是第一位提出运用系统且综合的研究框架来研究语言接触现象的学者，其研究将语言分析、社会因素和心理因素三类因素均囊括其中。这三大领域也正是语言接触领域形成的构成要素，本书也将围绕这三个层面展开介绍。

1.2.2 语言接触研究的发展脉络

语言学领域的语言接触研究经历了漫长的历程。早期语言学领域的语言接触研究兴起于20世纪50年代，以Weinreich（1953）的著作为代表。在语言学领域，这个时期是转换生成语法和社会语言学并行发展的年代。Hickey（2010）认为，20世纪60年代和70年代，语言接触研究在语言学领域受到忽略，较为低迷。到20世纪80年代，Thomason & Kaufman（1988）对多种语言接触情境和语言接触的效应做了考察和分析。但正如Hickey（2010）所述，这个时期的语言接触研究并未对语言接触现象进行严格的分类，多是对词汇借用以及较为突出的干扰现象等进行的研究，较少涉及间接语言接触的内容。进入20世纪90年代以来，这种研究模式有所改变。早期的语言接触研究仍在进行，但与此同时，语言接触研究逐渐开始与其他学科相结合。

根据Kühl（2011：189）所述，口语语言接触不同于书面语语言接触。其不同之处主要在于：前者属于非正式情境，后者则为正式情境，然而这两者的主要区别并不在于介质的不同，而在于概念上的本质不同。首先，书面语语言和口语语言二者对交际参数的评估不同。这些评估参数包括宣传性和熟悉度、情感疏离和情感介入、交际合作的可能性(独白还是对话)、对不在场接受者的考虑和话题常识、修订句子的概率和语言的即时性，以及思考空间和即时反应，等等。其次，这种不同还体现在与所处历史环境、语篇传统相关的规约性上。

长期以来，语言接触研究多是对口语语言接触的研究，较少涉及书面语言接触。近些年，由于语料库语言学的推动，基于语料库的语言接触研究多是对双语者进行考察，研究方式主要是通过录音收集口语语料。这些语料部分来自对被试进行录音后转写或者对多年前的录音材料进行转写的文本。例如，宾州德语是移民到美国的德国人长达几个世纪的语言变体，Fuller(2001)对18位宾夕法尼亚州德语本族语的人进行了对话录音，其年龄从30岁到75岁不等。研究显示，宾州德语的语篇标记体系在语言接触中会被借用，并对其借用过程进行了分析。这种接触变体表明，其正在采用英语为源语的语篇标记体系，这也是语言接触中聚合的体现。又如，Torres(2002)基于60名操西班牙语的本族人建设了语料库，来分别比较其英语语篇标记和西班牙语语篇标记的使用频次，并对这些双语者的语言技能等因素进行了探讨。

20世纪末期，语料库翻译学兴起，其研究方法在很大程度上促进了书面语语言接触的研究。进入21世纪后，经过20余年的发展，语料库翻译学得到了快速发展，语言接触领域与语料库翻译研究相契合，并呈现出越来越紧密的融合和交叉趋势。表现之一，任何一种语言都在不断发展变化，翻译语言也不例外。自20世纪90年代中期翻译共性提出后，语言接触的视角使翻译文本特征的复杂性得以凸显，成为此领域向前发展的动力。表现之二，对语言接触变体的考察同样拓展了第三语码的研究空间，有利于对翻译语言的"受限性"进行深入的探讨，并对制约其发展的社会因素和认知因素进行进一步挖掘。表现之三，对翻译和语言发展关系的探讨成为语料库翻译研究的新兴区域, 基于实证的翻译语言和非翻译语言的历时研究有助于我们更为科学地考察翻译对语言发展史的贡献。

1.2.3 语言接触研究的理论基础

语言接触(或称语言接触产生的语言变化)研究始于19世纪, 但相关研究在19世纪之前已经初见端倪(Schuchardt 1884)。在19世纪历史语言学空前发展的大环境下, 语言接触研究成为其中一个分支, 在语言变化的探讨中发挥着重要的一席之地(Winford 2003: 6)。这个时期较有代表性的研究包括Müller(1875)、Paul(1886)、Schmidt(1872)、Schuchardt(1884)等。直至20世纪, 语言变化研究一直是语言学领域所探讨的重点话题。Sapir(1921)、Bloomfield(1933)以及其他结构主义领域的学者都对此进行过论述。但在20世纪40年代至60年代, 即结构主义盛行的时期, 语言变化研究热度有所降低(Winford 2003: 6)。历史语言学领域的语言接触研究动因来源于对语言发展史中语言接触因素是否会使得语言变化的争论, 这动摇了主流学说中的"家族树"理论。对此, 一部分学者持反对的观点, 认为混合语言不可能存在(Müller 1875; Meillet 1921; Oksaar 1972); 另一部分学者则认为, 混合语言不仅存在, 而且任何一种语言都会受到影响, 并列举了部分语言接触的实例(Whitney 1881)。

该领域的一个重要转折点是20世纪50年代, Weinreich(1953)和Haugen(1953)的著作问世。在现代语言学领域里, 根据Winford(2003: 9)所述, Weinreich(1953)的标志性贡献在于其将语言接触回归至语言学领域的中心地位。根据Clyne(1987)所述, 在Weinreich(1953)出现之前, 语言接触领域并无系统化的理论。这两部著作的贡献还在于尝试将语言现象与社会和心理领域相结合, 建立起一个较为全面的考察框架和体系(Winford 2003: 9)。此外, Weinreich(1953)在其著作中将"接触"和"干扰"视作两个不可分开的概念, 并进行了阐述。在语言接触领域, 两种语言可以是不同的语言系统, 也可以是同一种语言的方言, 或者同一种方言的不同语言变体（Weinreich 1953）。两种语言之间的差异越大，其潜在的习得问题和干扰的潜力便越大。

继此之后，Appel & Muysken（1987）则第一次将历时主义元素融入语言接触研究中。随后，以语言学研究为导向的语言接触现象研究添加了对社会因素和心理因素的考察。最具代表性的研究为拉波夫（Labov 1972a）。他认为，语言的内部因素与外部社会文化和心理因素共同促成了语言接触和变化的演变及发展。Thomason & Kaufman（1988）继承和发展了前一个时期的理论，囊括了多种语言接触情形，并对语言接触现象进行了类型划分和个案考察，其著作对历史语言学的发展具有进步意义。

进入21世纪以来，语言接触理论与更多的学科相融合，翻译也参与其中。研究重点逐渐从词汇扩至语法结构等较为深入的考察层面，研究方式从零星的个案考察发展到描写性的实证研究。语料库语言学的发展更是促进了该领域的学科建设。新时期较有代表性的理论研究分别是Johanson（2002）和Heine & Kuteva（2005）。Johansan（2002）采用了"复制"（copying）的概念，并进一步将其分为全部复制（global copy）、选择性复制（selective copy）和混合复制（mixed copy）。Heine & Kuteva（2005）主要集中于从模型语言（model language）到复制语言（replica language）语法复制的单独性研究，并对语法复制模型进行了深入的解读和分析。该理论中的理论模型主要从使用模型和语法范畴两个角度进行了探讨。根据该著作所述，语法复制会以两种方式影响复制语言：第一、接触引起的复制会在目标语中创造出一种全新的表达方式；第二、这种复制会使得目标语中原本使用频率较低的使用模式，由于语言之间的接触上升为使用频率较高的使用模式（庞双子、王克非 2020）。

根据Matras（2009：1）所述，语言接触涉及较多领域，如语言习得、语言加工和产出、对话和话语、语言的社会功能、语言政策、语言类型学、语言演变等。总体而言，有关语言接触领域的研究大致可以分为两类：一类是对双语社会个案的共时研究，另一类是对语言接触引起的语言变化的系统性历时研究。从研究视角来看，语言接触领域的研究大致有社会文化视角、语言类型学视角、语言理论视角、翻译视角、认知视角等五个研究视角。

1.2.4 传统的语言接触研究方法

语料库语言学的研究方法在很大程度上推动了语言接触研究，尤其是20世纪末期语料库翻译研究的蓬勃发展，更是为该领域的研究增添了活力。根据语料库在该领域研究的应用与否，我们将其分为传统的语言接触研究方法和现代的语言接触研究方法。前者包括田野调查法、语言时空标识法、语言诱导性数据研究等方式；后者则主要指基于语料库路径的研究方法，尤以基于语料库翻译学的研究方法最为突出。

（1）田野调查法和语言时空标识法

田野调查法是语言接触研究在较早时期使用的研究方法。采用田野调查法可考察的语言层面多样，包括词汇、语音、词形、句式、语义和语用等。这种研究方法通常包括三个步骤，即收集相关语言数据、参与观察和社会网络分析，以及数据的计算机绘图（Krug & Schluter 2013）。田野调查法通常使用参与式观察的方法，研究者深入到所研究对象的生活环境中，在参与研究对象日常社会生活的过程中进行观察。例如，Dayton（1996）分析了非洲英语的时态、语态和体态。为了对此进行考察，他融入到非洲裔美国人的工人群体中进行了长达几年的考察。他虽然没有进行录制，但却对听到的语言标记做了记录，并对说话者的社会信息做了即时标注。

这种研究方法主要通过录音和转写获得数据，具有一定的优势。首先，录音转写后的数据更加可靠；其次，转写有利于保存数据供以后的研究使用；最后，这种转写后的数据有利于进行量化分析。这种研究方法的不足之处是耗时耗力，成功与否主要取决于研究者的时间、社交能力和灵活度（Barley 1983）。

此外，语言学地图也经常用于进行语言变化的研究，这源于每一种方言都对应一个地理区域的假说（Krug & Schlüter 2013）。语言学地图是指语言学的地理研究，类似的术语还有"方言地理学"和"词汇地理学"。这一领域的研究源于地理信息系统在过去几十年中取得了较大的进展。这种信息系统可以将特定领域的数据与地图上的空间信息进行关联、定位，其数据处理涉及空间统计、距离统计等方法。在学术研究领域，地理信息系统也可以用来进行语言学领域的研究。代表性的研究如Labov（1963）将田野调查法和新英格兰语言地图集相结合，考察了早期的部分英语语言语音特征的传播和变化。

（2）语言诱导性数据研究

语言数据诱导法通常包括访谈、调查问卷等方法，之后在此基础上进行内省和判断。访谈的类别与结构性（structure）息息相关（Diekmann 2007：437），包括个人访谈和匿名调查问卷。根据Creswell（2009），调查问卷可以获得大量数据，优点是经济便捷；而访谈可以对一个问题了解得更为深入，能获得更为真实的语言数据。Labov（1984）也曾提到，我们研究的目的是要观察别人在不被观察时的语言状态，而这很容易受到"实验效应"的影响。造成这种效应的主要问题在于被试受到了很多的关注。访谈的研究方法可以降低这种效应的影响。

在语言接触考察中，常用的外部参数包括时间、言语者的年龄、地域背景、社会经济背景、种族特点、言语者的个人特征、情境的正式性、非正式群体情境等（Krug & Schlüter 2013：74）。近些年，使用语言诱导性数据进行的较具代表性的研究是Zimmer（2021）。他们对纳米比亚的德语使用情况进行了语料库的建设和相关研究。其研究使用了诱导性数据的方式，包括对话以及半结构性的访谈等方法，对获取到的数据进行了转写、规范化和标注，并在此基础上考察了语言的多样性变化。

1.3　语料库路径的语言接触研究

基于语料库的语言接触研究主要是指通过实证数据统计，对多种语言之间的语言接触现象进行探讨，既包括语料库的建设，也包括在此基础上的语言接触现象及其引起的语言变化和成因的研究。

1.3.1　语料库语言学的理论与进展

语料库语言学兴起于20世纪60年代，是随着现代机读语料库的发展而产生的一个语言学分支。语料库语言学主要借助对一定规模语料库的检索与统计分析达到对特定语言现象的量化研究，找寻语言使用的规律性。根据De Beaugrande(1994)，语料库能够成为语言学研究的方法主要是因为语言是一种社会现象，须从文本中进行考察。因此，语料库语言学是基于真实的语言使用的语言研究，其理论根源可以追溯至20世纪30年代英国语言学的重要奠基人J. R. Firth。以Firth为代表的伦敦语言学派把语言看作是一种"社会行为"，主张对"意义情景化"的探讨，强调语言描写统计的必要性(Firth 1957: 193)，这一观点随后为Halliday和Sinclair等学者所发展。Stubbs(1996)称其为"英式传统"，与20世纪50年代以乔姆斯基为代表的"心智主义"的"美国传统"相对。直到20世纪80年代，语料库在语言学中的地位都处于比较边缘的位置(Zanettin 2012: 7)，其原因也与当时盛行的语言的"形式主义"有关。

根据Zanettin(2012)，语料库的发展大致可以划分为三个时代。20世纪60年代，布朗大学建设了国际上第一个语料库布朗语料库(Brown Corpus)。随后，仿照该库模型建设的语料库陆续出现。20世纪90年代，随着大型通用参考语料库英国国家语料库(The British National Corpus，简称BNC，容量约1亿词)(Burnard 1995)的建成，第二代语料库的时代随之到来。在这个时期，语料库不但服务于词汇和语言理论研究，也开始应用于机器翻译、计算语言学、语篇研究和语言变异等领域(Zanettin

2012：8)。进入21世纪以来，多种巨型语料库(容量超过几亿词)的诞生，标志着第三代语料库的时代到来。这个时期的语料库通过网络即可访问，可获得性强，极大地促进了语料库语言学的研究。

近些年，随着语料库技术的发展，语料库语言学的方法逐渐与多个语言学科领域相融合，如变异语言学、语言类型学、认知语言学等，形成了多元化的发展趋向。语料库语言学与这些学科的结合为语言接触研究的发展提供了前期的基础和土壤，下面我们对所涉及的学科(领域)进行简要的回顾。

变异语言学所关注的不仅包括语域变异，也包括语用变异、语篇变异等，既包括共时研究，也包括历时研究。根据McEnery & Hardie(2012：115)，社会变异语言学领域的代表人物有Peter Trudgill、James Milroy、Lesley Milroy、Jenny Cheshire、Paul Kerswill；这个领域的研究与Labov(1969，1972a，1972b)的研究一脉相承，强调社会因素对语言使用的作用。

语言学历时语域变异领域的许多成果主要基于布朗家族语料库而得。其中，最具代表性的是Leech *et al.*(2009)利用时间间隔30年的英国英语和美国英语的语料库进行的当代英语语法变化研究，分别从虚拟语气、情态助动词、进行时态、被动语态等多个语法层面考察英语语言的演变，并探究其内在的成因，如语法化、口语化、内容严密化、美国化，以及语言规划等其他因素。

语言类型学关注的是对不同语言使用模式的界定和比对。当代的语言类型学发端于20世纪60年代，代表人物为Joseph Greenberg。Greenberg(1963)最早对30种语言做了考察，并尝试发现这些语言中可能存在的共性。研究发现，不同语言中的基本语序、名词和介词的相对位置都是基本一致的。这种研究的性质决定了大规模信息的重要性，也使语言类型学与语料库语言学的结合成为必然。迄今为止，语言类型学家仍在利用

Greenberg（1963）中的技术寻找不同语言类型[1]的异同，并对这些现象进行解释（McEnery & Hardie 2012）。

认知语言学，从理论上而言，主要从人类思想的角度对语言特征进行解读。解释的角度主要聚焦在人们如何构建抽象概念和图示来思考世界（McEnery & Hardie 2012：169）。这类研究主要是通过心理语言学的手段作为验证的主要方法，其理论分支包括认知语法（cognitive grammar）（Langacker 1987，1991，2008）和构式语法（construction grammar）（Goldberg 1995；Croft 2001）等。

进入21世纪以来，随着双语语料库技术的发展和进步，基于语料库的语言接触研究逐渐开展。总的来看，大致可以分为两个阶段。第一个阶段的研究主要是通过口语语料库的建设，对双语者或者多语者的语言现象进行考察，旨在分析其语言之间的影响以及与语言相关的社会现象。第二个阶段，亦即近期的语言接触研究，逐渐从口语语料的考察模式过渡到以文本为中心的考察模式，主要聚焦在对翻译文本的考察上，出现了语言接触研究的文本化趋势，并且此类研究进一步成熟，呈现出以翻译考察为主要方法的发展态势。

1.3.2 语料库翻译学的理论与进展

语料库翻译学研究自20世纪90年代以来取得了长足的发展，是一门年轻而有活力的学科。20世纪90年代，Baker（1993，1995，1996）发表了一系列论文，提出将语料库语言学与描写翻译理论结合，开启了翻译共性研究。其中，Baker（1993）详细阐述了语料库在翻译学研究中的理论价值、实际意义及其具体路径，被誉为语料库翻译学的滥觞之作。其研究认为，同一种语言的翻译文本和非翻译文本可以用来比较和考察翻译文

---

1 "语言类型"通常是指根据语言的结构特点对世界各语言的分类，如孤立语、黏着语、屈折语和综合语等。

本中的共同特征，这些特征可能是因翻译过程而产生，并非其他语言影响的结果。1995年，世界上第一个翻译语料库，即翻译英语语料库（The Translational English Corpus，简称TEC）开始建设。在语料库的支持下，"翻译学理论研究的重心转向，从原文与译文的比较或A语言与B语言的比较，转向文本生成本身与翻译的比较"（Baker 1995：233）。

Baker（1996：175）在题为《语料库翻译研究：面临的挑战》（"Corpus-based translation studies: The challenges that lie ahead"）的论文中正式提出"基于语料库的翻译研究"（corpus-based translation studies）。从 Gellerstam（1986）的"指纹"（fingerprint）研究，到Olohan（2004）的"拇指纹"（thumbprint）研究，翻译共性研究成为这一领域的主要关注点所在。基于语料库的研究是翻译研究领域的一个崭新区域，其动力来源于将翻译视为一种拥有其自身权利的语言使用（Olohan 2002：1）。在此后的很长一段时间里，大量研究集中在对翻译文本共性的验证或者证伪上，涉及到多种语言对。

直至21世纪初，翻译共性的研究逐渐受到学界的质疑，其问题也逐渐显现，如翻译文本特征会受到源语透过性的影响、翻译文本特征中的显化（explicitation/explicitness）和规范化特征界限不清等（Becher 2011）。正如House（2008：11）所言，寻找翻译共性的努力是徒劳的。原因在于：语言共性不等于翻译共性；"显化"等词汇太过模糊，须先界定其范围；共性的考察离不开具体语言对[1]的参与；根据"隐性翻译"项目结果，科普类翻译文本呈现出显化变化的趋势，但经济类文本则不然；翻译文本的历时考察很有必要，因为翻译文本中的特征会受到源语文本的影响。最具代表性的为Becher（2010，2011），其研究指出翻译共性是神秘的，显化假说并不存在，并随即指出了该假说存在的理论和逻辑上的问题。Becher（2011）认为Klaudy（2008）提出的"翻译固有特征"（translation-inherent

---

1 "语言对"是指拿来作对比研究的两种语言，如英汉语言、英德语言等。

feature）无理可据，并从理论逻辑上指出其自身存在的三个问题：缺乏理据；不够至简，违背奥卡姆剃刀原则；"策略"一词背后由无意识支配，含义表述不清。随后，Becher（2011）分别从量化研究和质性研究两个角度，对其相关代表性研究一一进行批驳。这也成为此后10年间较具影响力的文献之一。

在语料库翻译研究领域早期，研究主要围绕三个问题展开：翻译文本的共性研究、翻译文本的多样性研究，以及翻译和语言发展的研究。其中，在翻译和语言发展研究上，Juliane House团队最具代表性，其研究主要应用"系统-功能翻译评估框架"，辅以布拉格功能文体学、语言行为理论、话语分析理论和语用对比分析，以语场、语旨、语式为参数，考察英语对德语的影响，推动了语料库翻译研究的历时发展。Kranich, Becher, Höder & House（2011）首次基于语料库的实证分析方法对翻译和语言接触研究进行了系统性的考察，具备开创性。随后，该领域的研究逐渐展开，出现了一系列可观的研究成果（Becher 2009；Bisiada 2013；Malamatidou 2013, 2016, 2017a, 2017b, 2018）。当前，语料库翻译研究进入第三语码的拓展时期，即语料库翻译研究在多个领域的跨学科融合。这些领域包括语言接触研究、变异语言学、二语习得、系统功能研究、社会语言学、认知语言学等。其中，语言接触研究和语料库翻译研究的结合促进了该领域的历时维度的考察，推进了翻译领域的研究。

1.4　翻译路径的语言接触研究

追本溯源，翻译和语言接触研究无论是在欧洲还是在中国都有着较深的历史积淀。公元前1世纪，罗马翻译者已经在从事希腊语到拉丁文的翻译活动，模仿希腊语的表达方式丰富本族语言。公元8—11世纪，源语为拉丁语的宗教翻译逐渐对英语、德语等语言发生影响（庞双子 2021）。

到了20世纪50年代，随着语言接触研究在现代语言学领域的兴起，翻译对目标语语言影响的理论建构逐渐形成。20世纪90年代以来，语料库翻译研究的兴起使得该领域的实证研究成为可能。从研究主题来看，翻译和语言接触的研究主要分为如下两个热点区域。

（1）透过翻译的语言接触研究。这类研究将翻译看作语言调节的功能，视其为语言接触方式的一种，主要探讨翻译在语言的发展和变化过程中的作用。基于语料库的研究推动了翻译和语言发展研究，语料库的建设和考察可以使研究在词汇、句法和语篇等层面对翻译文本、非翻译文本在不同历史时期的文本状态进行实证统计，推测出其发展变化的趋势，从而为翻译文本中的语言特征如何渗透至目标语提供较为确凿的证据。国际学界在该领域的研究主要以House（2011）的"隐性翻译"（covert translation）项目为代表。Becher（2009）、Kranich, Becher, Höder & House（2011）、Malamatidou（2013, 2017a, 2017b, 2018）等对此都做了推进式的探究。此外，近年来，该领域也衍生出翻译文本特征对目标语语言发展的影响研究，较具代表性的研究者有Juliane House、Viktor Becher、Eric Steiner等。目前在语料库翻译学领域兴起的这个分支主要是考察翻译语言特点或者行为是否对原创语言的变化造成影响。如Hansen-Schirra（2011：136-162）对翻译文本特征中的规范性和透过性效应进行研究，以期考察"翻译行为是否会影响语言变化，抑或语言变化是否会影响到翻译"（同上：138）。

（2）接触语言变体的考察。这是近年来语料库翻译研究衍生出的新分支，即"受限语言"和"非受限语言"（non-constrained language）之间的比较。接触语言变体被当作交际性语言考察，这是第三语码拓展的研究体现，也代表了语料库翻译研究中的前沿发展。个体者的双语现象和社会双语制旨在对语言接触下的社会和认知结果进行呈现和探索（Kruger & van Rooy 2016b）。其所探索的诸多因素包括翻译、二语习得、学习者语言，这些往往涉及不同的心理语言学和社会环境因素。近些年，对双语影响下交际变体进行共性和个性的研究并探索其心理和社会环境的接触条件，成了新兴的趋势（Kruger & van Rooy 2016b：119）。

根据Kruger & van Rooy（2016b），跨语言影响（cross-linguistic influence）研究包括心理认知层面和社会情境层面。前者涉及双语者或者多语者的注意力控制（attentional control）、注意力资源引导（directing attention），以及认知资源（cognitive resources）等因素。这些因素在跨语言的过程中势必会对双语者或多语者产生效应，并且会将一些语言特征带入另一种语言。后者主要涉及语言的变化，通常会被社会中的个体创新性地使用，之后通过某种社会认知的途径进入到目标语言。关于此，Matras（2009）亦认为，双语者使用的一些语言特征会部分消失，但也有一部分会留存并稳定下来，进入目标语语言系统。

1.4.1　翻译和语言接触研究的理论发展

（1）历史语言学和语料库翻译研究

追本溯源，基于语料库的翻译和语言接触研究是两个学科共同发展的结果：一个是历史语言学领域，另一个是语料库翻译研究领域（Kranich, Becher, Höder & House 2011；庞双子、王克非 2015）。以往的历史语言学研究从未将翻译研究囊括在内，而翻译研究近些年由于过分关注翻译共性等特征，忽略了其他因素的影响，这些有可能在历史语言学的视角下得到较好的诠释。

历史语言学，又称历时语言学，是一门研究语言历时变化的学科（Campbell 1998：3），是语言学的一个重要分支。最初的历史语言学是比较语言学，在中文文献中常被称为历史比较语言学（Historical Comparative Linguistics）。它以历史比较法为基础来研究语言的亲属关系，主要关注语言如何变化和导致语言变化的原因，既包括研究语言变化的方法，也包括对这些语言变化的原因的分析（Campbell 1998：4）。历史语言学不是研究语言学的历史，也不是研究人类语言的起源。历史语言学更倾向于研究语言如何运作，不同的语言片段如何拼接在一起，语言如何在时空中滴答前行（Campbell 1998）。语言接触发轫于历史语言学，是该领域研究的课题之一，主要探究不同的语言之间因为接触而发生的变化。

历时语言研究属于用法本位语言学（usage-based linguistics），重视真实语料的运用。历时研究的迅猛发展，很大程度上得益于不断建成的历时电子语料库（许家金 2020）。国际上较为著名的历时语料库的建成促进了历史语言学的研究，如芬兰赫尔辛基大学建设的赫尔辛基英语文本语料库（The Helsinki Corpus of English Texts，简称 Helsinki Corpus，所收集的语料时间跨度为约730年—1710年）和由 Douglas Biber 于1993年初步建成，后由曼彻斯特大学维护更新的英语历史语料库（A Representative Corpus of Historical English Registers，简称ARCHER，所收集的语料时间跨度为1650年至今）。历史语言学的研究课题较广，相关研究包括词汇演变历程的考据（即词源学）、语言家族谱系的构拟（即对比语文学）、实词虚化为功能词机制的探究（即语法化研究）等（许家金2020）。此外，历时语言研究与社会语言学交集甚广。变异社会语言学中的历时变异、方言学中的古语用法，以及从语言接触视角解读当今语言，都是这门学科的关注点所在。

长期以来，关于历史语言学的量化研究并不占据主导地位，也因此颇具争端。历史语言学的量化研究近些年才发展起来。早期的量化研究良莠不齐，零星分布，未引起学界关注。迄今为止，历史语言学领域尚未构建出成熟且得到广泛接受的量化统计研究方法（Campbell 1998：447）。因此，其跨学科发展是必然的趋势。

近些年，量化统计方法也逐渐被广泛应用到历史语言学领域的多个主题研究，如语言谱系的分类、语言之间的亲属关系、相近语言的分离期、语言之间的相似性同源语的界定、语义上更不容易被替代的词汇以及史前语言问题等（Campbell 1998：447）。但历史语言学领域的量化研究方法在部分学者看来也有其自身的局限性，这种局限性主要在于量化分析的第一个阶段，即将有关语言数据的考虑转化为数字的瞬间（Heggarty 2006：186）。亦如Cohen（2018：14）所述，在历时考察中，随机性往往使得信息欠缺。尽管如此，历时量化统计的日新月异及其可发展的空间极大地推动着语言学领域的发展。语言年代学（glottochronology，又称词源统计分析法）、概率统计法（probability）、演化生物学（evolutionary biology）、种类统计方法（phylogenetic）、距离方法（distance methods），以及网络方法（network methods）是较早被应用到历史语言学中并得到认可的统计方法。

历史语言学领域有一些有趣的假设：（1）语言之间存在着同一性的基础词汇，即这些词汇不会因为语言或者文化不同而不同；（2）尽管时间在不停变化，但从长期来看，语言的词汇存活率保持稳定；（3）不同语言之间的词汇消失率同样保持稳定；（4）语言如何脱离早期使用规范是可以计量的（Campbell 1998：452）。这种语言年代学的量化统计方法由美国学者莫里斯·斯沃德什（Morris Swadesh）在20世纪50年代提出，其初衷是为了确定在不同的语言谱系中，词汇是否会发生历时性的变化。他惊奇地发现，不仅语言谱系内部的词汇会发生变化，而且不同语言之间词汇的变化速度几近相同。但这个研究也被后来的学者所诟病，如其所考察词汇中的前100词中有很多是借用词汇，并且很多词汇在不同语言之间并不具备对等性，这些都会导致研究结果有失偏颇。在历史量化统计中，词表（word lists）、稳定性（stability）、替代率（replacement rate）是常用的统计术语。此外，概率统计方法同样可以用来比较不同的语言，如检测偶然的相似性、皮尔逊（Pearson correlation coefficient）系数等。这些都为其后能够与语料库翻译等带有实证基因的学科紧密结合埋下了伏笔。但综合而言，历时量化研究方法多局限在词汇层面的研究上。近些年，随着语言接触理论研究和语料库语言学的发展，相关研究的考察点逐渐从词汇扩展至语法和句法层面。

语料库翻译学的发展将历史语言学领域向前推进了一大步，在很大程度上弥补了先前研究在理论和方法上的不足。Campbell（1998：464）认为，历史语言学中的量化统计方法具备一些共性：客观性和可复制性；处理大规模数据的速度和能力；可以计量语言传播的规律；能包容其他依赖量化统计方法的学科；提供不同的方法来检测语言间的关系；等等。以上种种均与语料库翻译学学科的特点相契合。这二者都是以用法为基础的学科，历史语言学的语言现象主要建立在语言特征及其用法的基础上，语料库翻译学也是以实际应用中的语言为基础。一方面，对语言接触的考察使得语料库翻译研究的考察从共时拓展到历时，有助于揭示语言变化发展的动态特征，拓宽第三语码的研究，并推进翻译文本特征本质的研究；另一方面，历史语言学领域的翻译视角可以为语言的发展变化提供更为全面科学的解读。

（2）翻译和语言接触研究结合的理论基础

关于语言之间通过翻译而相互接触并影响语言发展变化的理论研究，是国际学界关注的热点，目前尚处于探索和建构阶段。语言接触理论在书面语言接触方面的拓展主要体现为两点：一是对翻译引起的语言接触变化机制进行尝试性的分类和探讨；二是语言变体层面的拓展，即对多种语言接触情境的考察。这两点均在实证研究的基础上推进。

第一类拓展主要由Juliane House团队领衔，已经产出阶段性成果，推动了该领域的发展（Kranich 2009；Bicsar & Kranich 2009；Kranich, Becher, Höder & House 2011；Ozcetin 2008；Buhrig & House 2007）。Kranich, Becher & Höder（2011）借助已成熟的语言接触触发的语言变化机制，对这个问题进行了全面的探讨，发展了Thomason & Kaufman（1988）关于语言接触引起语言变化的研究框架，并提出了10种比较切合实际的变化机制。近年来，语言接触引起的语言变化研究逐渐被细化和拓展，如语言接触与语言的稳定性及聚合与偏离之间相联系。Kühl & Braunmüller（2014）将语言接触引起的语言变化划分为四个类别：接触引起稳定、接触但保持、接触引起偏离、接触但依旧偏离。Höder（2014）

对引起语言之间聚合和偏离的因素也进行了深入的研究。

第二类拓展是对语言变体层面进行研究，其进展也为透过翻译的语言接触问题提供了新的视角，研究不再局限于语言结构变化的内在机制，还关注其在不同阶段动态发展的规律。语言接触研究的广泛性和普适性逐渐得到多种文化和多个国家的认同（Schneider 2007：21）。语言变体（variety）是指，从广泛意义而言，与社会因素相关的语言分布特征（Hudson 1996：22）。翻译语言由于可以系统揭示显著的使用模式（pattern）特征，通常被认为是接触语言变体（contact variety）的一种（Kruger & Van Rooy 2018：216）。Schneider（2007）提出英语语言变体的"动态模式"，发展了由Kachru（1985）提出的"内圈""外圈"和"扩展圈"的理论框架，认为"新英语"变体历经了以下五个阶段：基础阶段、外生标准稳定阶段、本土化阶段、内生标准稳定阶段和分化变异阶段（同上：34）。相关研究也逐渐涌现。Collins & Yao（2013）认为，变体在动态模型所处的位置或许与其口语化的趋势相关（Kruger & van Rooy 2018：222）。Schneider（2007）认为，每一个阶段均有四个参数起作用：语言外因素（如历史事件和政治格局）、身份建构、语言接触情境的社会语言决定因素、结构影响。

在这类研究中，认知接触语言学也被纳入考察范围，拓展了语言接触理论的发展。语言接触变体与认知接触语言学相结合的考察点主要在于借用和转换，语码复制理论中的全部复制、部分复制等内在机理的探查也为翻译文本特征的形成提供了新的思路。例如，Verschik（2018）通过收集网络博客语言来探讨语码复制的认知机制，主要考察了英语对爱沙尼亚语的影响。其创新之处在于，作者基于15万词的语料库探讨了认知机制中的语用凸显，如新颖性、隐喻性和情感性因素等在语码复制中的作用。尽管这项研究并未对翻译的作用开展专门的讨论，但为将翻译纳入语言接触理论的框架提供了潜在的空间。

（3）翻译和语言接触研究的文本化转向

始于21世纪初期的语言接触研究也可视为语言接触研究的文本化转

向。Steiner（2005b：55）将多语现象研究从个体和社会形成的角度转向了文本和语篇，认为翻译文本是语篇最主要的表现方式。双语或者多语现象的研究主要是针对语言社会的研究，隶属社会语言学的范畴。以往的双语或者多语现象研究大多是探讨词汇借用或者语法干扰等较为明显的语言现象，基于多语语篇进行考察的文本转向则是更加侧重不易察觉的潜移默化的语言变化。

此外，Lanstyák & Heltai（2012）对语言接触共性和翻译共性的研究起到了较为重要的衔接作用，其研究的可贵之处在于对翻译共性和语言接触共性进行了多个特征的比对。作者认为，尽管这二者都涉及两种不同语言之间的交际，但其主要不同之处在于翻译是阐释性交际，双语交际是描述性交际。这两种不同的交际方式催生出了两种不同的语言变体：翻译语言变体和接触语言变体。研究认为，部分翻译共性与双语交际共性重合，部分翻译共性与语内翻译重合。作者进一步提出，为了更好地回答翻译共性是否存在，共性的考察应该扩展到双语交际的范畴，包括二语习得者的语际交际、语内翻译、单语交际。研究假设是，如果这种现象只是存在于语内和语际翻译之中，则可称为翻译共性；如果只发生在语际翻译当中，则可称为语际翻译共性。这项研究对翻译共性的研究有很重要的启示作用，也成为迄今为止最为直接的探讨翻译和语言接触这二者之间关系的文献，引领了语料库翻译研究的实证走向。

这个阶段的研究主要以语料库的收集和实验为主要手段。基于语料库的书面语言接触研究主要得益于双语语料库的建设和翻译研究的推进。该时期的语言接触研究呈现出三条路径：一是传统考察的继续和拓展；二是跨语言接触考察的发展；三是以翻译为中心的语言接触考察。跨语言的语言接触研究主要是比较两种或者多种语言之间的影响，主要考察语言之间在某些词汇或者语法层面的异同。翻译相关的语言接触尽管也是通过两种或者多种语言之间的比较，但目的是探讨翻译因素对语言变化的促进作用和运行机制。

1.4.2 翻译和语言接触研究的实证进展

20世纪90年代，翻译文本与原生文本进行比较的语料库实证研究兴起，透过翻译的语言接触研究引起学界高度关注。Kranich, Becher & Höder(2011)对透过翻译的语言接触现象进行了分类和假说的验证。Malamatidou(2013, 2017a, 2017b, 2018)通过多方验证的方法对英语－俄语、英语－希腊语之间透过翻译的影响进行了研究。Bisiada(2013)建立了百万词的语料库以考察英语对德语的影响，认为德语在从形合走向意合，并阐述了语言接触中语言内部不可忽视的力量。此外，Steiner(2008)对多项显化指标进行提取，考察了共时层面英语和德语之间的语言接触对其在显化语体特征上的影响。House(2016)对英语和其他多个语种的文本进行历时比较，认为科技类翻译文本呈显化倾向，经济类文本则不然。

翻译与语言发展的研究兴起于2010年前后，主要以德国汉堡大学领衔的"隐性翻译"项目为代表，以 Kranich, Becher, Höder & House (2011)的《多语言语篇产出：历时和共时视角》(*Multilingual Discourse Production: Diachronic and Synchronic Perspectives*)的发表为标志(参阅庞双子、王克非 2015)。在此之前，Siemund & Kintana(2008)在《语言接触和接触中的语言》(*Language Contact and Contact Languages*)一书中已将翻译单独列为一个章节，其中收录了两篇代表性文章，分别为《透过翻译的语言接触引起的语言多样性研究》("Linguistic variation through language contact in translation")(Baumgarten 2008)和《翻译作为一种语言接触模式的实证研究：词汇语法特征维度的"显化"研究》("Empirical studies of translations as a mode of language contact: 'Explicitness' of lexicogrammatical encoding as a relevant dimension")(Steiner 2008)。

Baumgarten(2008)主要分析了英德语篇中第一人称复数的使用情况，并对德语翻译文本和非翻译文本做了较为细致的考察，认为这两类文本的变化来源于英语的影响。此后，Kranich, Becher, Höder & House

（2011）正式将"透过翻译的语言接触"作为术语提出，并对其进行了分类，提出了十项假说，首次对透过翻译的语言接触现象进行了系统性的考察。在透过翻译的语言接触研究领域，较具代表性的研究有Becher（2009）、Bisiada（2013）、Malamatidou（2013，2017，2018）等。Kühl & Braunmüller（2014：26）的研究表明，翻译会使得文本类型[1]之间的区分度加强，引起文本类型的变化。

关于翻译与语言接触及语言演变的研究，我国学者的探索主要沿着两个途径在推进，一是关于汉语欧化现象的传统研究路径，二是基于语料库的翻译与语言发展关系的新兴路径。较早从语言学角度研究汉语欧化的文献见于黎锦熙（1924）、王力（1943、1985）等。王克非（2002）、贺阳（2008）、胡开宝（2006）、郭鸿杰（2005）、朱一凡（2011a、2011b）等采用个案考证和小型量化统计的方式围绕翻译对现代汉语的作用开展了研究。近些年该领域的研究逐渐与国际接轨，走向实证化，即基于语料库的翻译和语言接触研究也逐渐开展。例如，王克非、秦洪武（2017）首次将大型历时类比语料用于汉语语言变化研究；Dai（2016）通过平行和类比语料库比较，发现近期非翻译文本在多个语言层面逐渐接近前期翻译文本；庞双子、王克非（2018a、2018b、2020）通过对应统计分析，证明透过翻译的语言接触在某些时期会引起原生汉语语言显化程度的变化。

综合而言，迄今为止，基于语料库的翻译和语言接触研究发展日趋成熟，在研究方法上逐渐与语料库翻译学呈现出日趋紧密的发展趋势，在语料库的构建、标注以及统计方法的复杂性和多样性上均有所推进，研究主要涉及词汇、语法、语体、文化等方面。语言接触领域的词汇研究主要关注词汇的借用和外来词的引入，研究重点是名词，然后依次为动词、形容词和副词。例如，胡开宝、王彬（2008）的研究探讨了20世纪

---

1 "文本类型"是指不同体裁的文本，如文学类、新闻类、科技类等。

90年代以来，大量源自英语的外来词进入汉语体系，并导致许多汉语词汇意义的扩大。在语法研究方面，语篇标记词一直是研究的焦点。具体而言，翻译路径的语言接触研究在语法层面上主要集中于连接词、代词、情态词、指示词等虚词成分。例如，House（2011 a）以科普类的翻译语料结合类比语料库考察了语法结构在五个层面的变化。这五个层面分别为情态动词、情态小品词、说者-听者指示语、句子状语和复合指示。通过对以上语法结构的考察，作者进一步修正了翻译与语言发展关系的假说。

近年来，对多种翻译情境的考察，基于平行语料库和类比语料库的复合研究，以及囊括多方验证的翻译和语言接触考察与日增多。此外，近年来多语语料库的出现，以及多种文本类型的增加都丰富了翻译触发的语言变化领域的研究。Paulasto et al.（2014）在《学科十字路口的语言接触研究》（Language Contacts at the Crossroads of Disciplines）一书中单独开辟翻译作为语言接触的章节，其中收录了三篇代表性文献，分别为：《翻译和语言接触研究中转移现象的理论框架构建实例》（"The case for a common framework for transfer-related phenomena in the study of translation and language contact"）（Ožbot 2014）、《翻译文本和非翻译文本中比喻成语的理解：基于调查问卷的研究》（"Understanding translated vs. non-translated figurative idioms: Results of a questionnaire survey"）（Penttilä & Muikku-Werner 2014）、《翻译中语言描述和认知描述的分离：焦点-背景分离关系的认知分析》（"Dissociation of linguistic and cognitive description in translation: The cognitive figure-ground alignment"）（Mäkisalo & Lehtinen 2014）。Kolehmainen et al.（2014）分别从多种语言接触情境，包括二语习得者和翻译文本进行了比较，认为翻译和双语交际中的语言销蚀或者减弱并非源于双语者或者译员的技能高下，而是一种正常的双语交际现象。该研究还从"激活阈值假说"（activation threshold hypothesis）层面做了剖析，推进和拓宽了翻译文本特征的语言接触研究。

1.5　小结

　　语言接触研究发轫于历史语言学，是历史语言学里的一个重要课题。"语言接触"是指两种或者两种以上语言（抑或语言变体）之间的相互作用，部分学者称其为"接触引发的语言变化"，并将有关语言接触的研究称为"接触语言学"。接触语言学的研究目标是研究不同语言之间接触的情形、引发的结果，以及影响这些结果的语言内部和外部生态之间的相互作用。接触语言学属于多学科的研究范畴，建立在语言学、社会语言学和心理语言学等学科的基础之上。

　　本章作为全书的开篇，主要介绍了语言接触的定义、语言接触研究的发展脉络、传统的语言接触研究方法，重点介绍了语料库路径的语言接触研究和翻译路径的语言接触研究，涉的相关概念包括语言接触、接触引发的语言变化、接触语言学、历史语言学。其中，历史语言学是一门研究语言历时变化的学科，是语言学的一个重要分支。它以历史比较法为基础，研究语言的亲属关系，主要研究语言如何变化和导致语言变化的原因。透过翻译的语言接触得益于历史语言学中的语言接触理论与语料库实证翻译研究的交叠发展，本章重点介绍了翻译和语言接触研究这一语料库翻译研究领域的新兴版块，并对其理论发展和实证研究进行了回顾。

第二章 | 基于语料库的语言接触研究：研究方法

2.1 引言

翻译研究和接触语言学的结合是当前翻译领域发展的新趋势（Lanstyák & Heltai 2012：100）。在过去的20年间，语料库的研究方法极大地促进了语言接触的研究，使之成为翻译和语言接触研究中最为生动的部分（Kolehmainen & Riionheimo 2016）。基于语料库的翻译和语言接触研究日趋成熟，在语言学研究领域成果丰硕。语言接触的研究也由最初内省式的个案分析逐渐走向实证性、系统性的考察。实证研究具有客观性、可靠性和有效性（Krug & Schluter 2013：3），其主要特点就是进行系统性的考察和可复制性的研究。翻译和语言接触的实证研究也不例外。本章将主要探讨基于语料库的语言接触研究中所涉及的研究方法，重点介绍当前国内外较具代表性的语料库建设案例，并简述相关代表性研究。

2.2 基于语料库的语言接触研究路径

近年来，基于语料库的语言接触研究在方法上逐渐趋向多元化，并涉及多个学科，如历史语言学、社会语言学、语料库语言学、心理语言学等。在当前的翻译和语言接触研究领域，常用的研究方法包括语料库分析、访谈、调查问卷、实验等。文献计量结果表明，语料库分析是该领域现阶段的主流研究方法。

根据Krug & Schluter（2013）的论述，历史语言学视域下的语言接触研究通常使用历时语料库、历史文献来进行分析。例如，Labov（1972b）通过观察语言现象在不同时段上的不同分布趋势进行研究，其方法被称为"显像时间"（apparent time）研究法。这种研究方法至今仍广泛使用于语言接触研究。社会语言学的研究方法通常使用即时性的口语语言数据，如访谈中的诱导性数据。在语料库语言学领域，研究方法则多侧重在收集口语语料和书面语语料，并通过语料库检索获得数据。语料库被学界认为是当前进行多项研究的优质数据来源。心理语言学的研究方法主要有两种：一种为共时研究，与语言使用者的语言加工需求相关。这也是心理语言学研究的"硬核"，主要是对心理现象的研究。另一种是建立在产品模型之上的分析，数据可以来源于语料库。

基于语料库的语言接触研究大致可以分为共时研究和历时研究两大类。共时研究通常基于访谈或者面试等口语语料（Gardner-Chloros 2009；Myers-Scotton 1993；Poplack 1980；Silva-Corvalán 1994）。历时研究主要建立在描写语言学的基础上，通常涉及书面语语言的收录，有时会结合使用视听等口语语言材料。

近20年，随着实证研究的发展，语言接触理论和实证研究相得益彰，发展迅速，成果丰硕。Hasselblatt *et al.*（2010：2）曾指出："如今，已经没有人会非常质疑语言接触对世界各族语言的影响，只是在影响的范围和程度上各自的意见会有所不同。"正如Kolehmainen & Riionheimo（2016）所指出，一种新的研究领域正在出现，即翻译和语言接触研究的结合。

我们通过在Web of Science数据库上检索关键词"语言接触"（language contact），再检索语言学领域的核心文献，就可以得到该领域研究的论文发表情况。通过图2.1可以发现，该领域研究从20世纪60年代开始直至

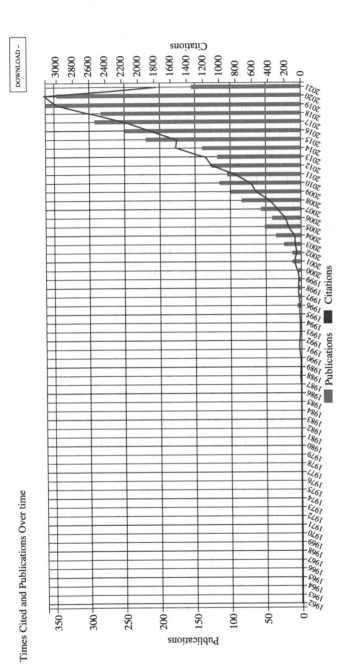

Times Cited and Publications Over time

图 2.1 语言学领域语言接触文献的数量变化（1962—2021）

21世纪前夕，一直较为低迷，之后有所攀升。2010年后的10年间则又出现了大幅度的升高。在前面的检索结构中输入"corpus/corpora"进行二次检索，则可以看到基于语料库的语言接触研究较早出现在2002年左右。由此推测，语料库技术的发展极大地推动了语言接触的研究。结合文献进行分析，我们同时发现基于语料库的研究方法在过去的20年间成为语言接触研究最为生动的部分，是助推其发展的动力。

2.2.1　基于语料库的语言接触研究课题

　　基于语料库的语言接触研究大致兴起于21世纪初期。我们通过在Web of Science数据库进行检索，在选择"WOS核心论文集"后输入关键词"corpus"和"language contact"，选取语言类的研究文献，获得论文共301篇。其中，2002年仅有2篇，2015年则增至30篇，此后逐年增加。通过论文的发表数量，我们可以看到该领域在近20年间呈现出逐渐走高的发展趋势。

　　根据进一步的分析发现，基于语料库的语言接触研究在该数据库中的记录最早出现在2002年，是Torres（2002）在《社会中的语言》（*Language in Society*）上发表的《波多黎各西班牙语中的双语话语标记》（"Bilingual discourse markers in Puerto Rican Spanish"）。作者对英语和波多黎各西班牙语的语篇标记进行了基于语料库的统计，分析了三代人的口语语料中语篇标记的使用频次，并在此基础上探讨了语码复制的机制。此后，笔语语料库建设开始零星出现。例如，Hsieh & Hsu（2003）考察了日汉语言接触的外来词，虽然也建设了语料库，但其在研究方法的选取上只是个案收集和分析，尚未使用数据统计。

　　我们通过文献计量对2001—2021年基于语料库的语言接触现象进行聚类分析，得出以下主要区域（图2.2）：标号次序为0的是该领域最大的一个聚类，名称为语码转换（code-switching）。该板块内的核心文献包括Labov（1972a）、Thomason & Kaufman（1988）、Heine & Kuteva（2005）

等引用频次较高的语言接触类文献。这一类研究主要基于语码复制等理论问题展开，属于理论研究区域。第二个聚类为世界英语（World Englishes）。这个板块包括Quirk *et al.*（1985）、Schneider（2007）等属于世界英语及其相关语言变体的历时发展研究。与其毗邻和重叠的区域也涉及Biber *et al.*（1999）的文献。这也表明，该类研究逐渐发展至多种文类的研究阶段。第三个聚类为翻译。这个区域引用最多的文献为Becher（2009）。第四个聚类为基于语料库的翻译研究（corpus-based translation studies），引用较多文献为Trudgill（2011），以及Baker（1993，1995）等。这些文献说明，基于语料库的翻译和语言接触研究主要是围绕历时语料库的构建以及语言类型学等展开，主要探讨的是语言接触研究的社会因素。

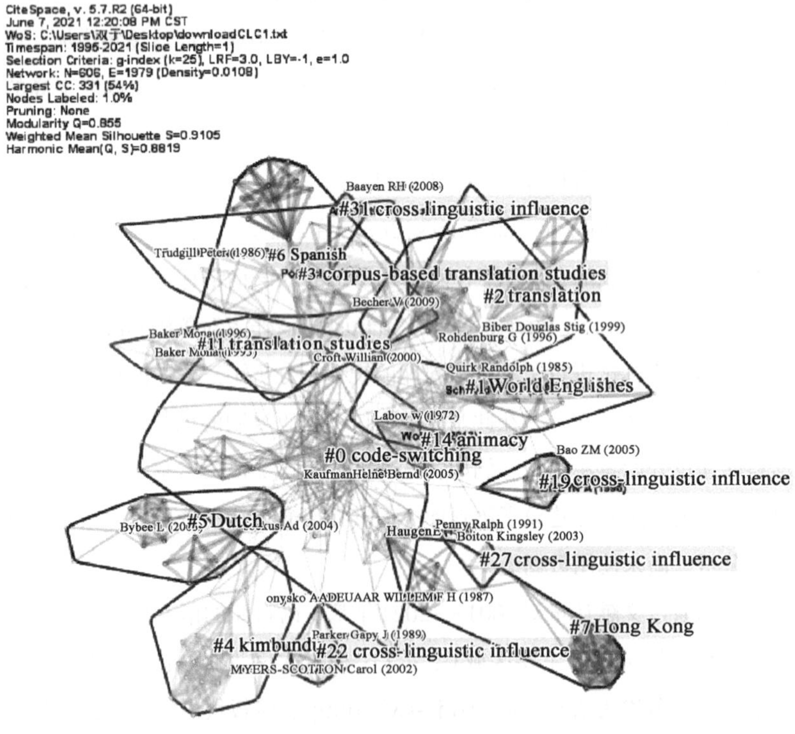

图 2.2　基于语料库的语言接触研究聚类图示（2001—2021）

通过对这四类的聚类名称和内容及相关文献进行分析，我们不难看出，近20年间的翻译研究抑或基于语料库的翻译研究已经成为语言接触研究领域的主要研究范式，与传统的语码转换（code-switching）以及世界英语（World-Englishes）等一并成为该领域的主要前沿区域。这也表明，近20年，基于语料库的实证翻译研究激发并促进了该领域语言接触研究的发展，推动该领域的发展逐渐走向科学化和系统化，成为该领域发展的核心动力。

2.2.2　研究方法和研究类型

在研究方法上，语料库在语言接触研究的应用大致可以分为传统的语料库技术应用和现代的语料库技术应用。传统的语料库技术应用主要是通过语料库的方法对被试的口语语料进行收集和标注，研究点关注诸如第一代人和第二代人的语言使用差异。该领域长期关注口语者之间因语言接触而产生的语言变化，故在此处称为传统。现代的语料库技术应用则涉及书面语语料库的收集和标注，研究点大致包括三类，即基于平行语料库的比较、基于翻译文本和非翻译文本的类比比较、基于囊括翻译语言变体在内的多个交际情景的语料库比较，如与二语习得者、学习者、英语变体等语料库的比较。

语言接触领域笔语语料库的建设和应用主要兴起于21世纪初期的语言对比和翻译研究领域。在此之前，语言接触领域的语料库构建主要以针对双语者的口语语料库的转写为主。对笔语之间接触的考察多是通过现有的历时语料库如Helsinki Corpus或者报刊收录文章进行。真正意义上的基于语料库的语言接触研究主要得益于双语语料库的建设和翻译研究的推进。基于语料库的语言接触研究主要涉及翻译和语言接触的研究，旨在考察语言的变化以及翻译在其中的作用。这一领域以2011年德国汉堡大学多个语言接触相关项目为重要节点，近10年有了迅速的发展。

基于语料库的语言接触研究与语言变化研究关系甚密，近些年逐渐从中汲取营养，以推进自身的发展。就语言的历时变化而言，语料库的方法可以使我们从历时的角度观察词汇在漫长的语言发展史中的借用和融合，并将这些变化与诸如经济、社会历史、文化变迁等语言外因素相互联结。例如，Abdullina *et al.*(2019)对连续两个世纪的俄语餐饮行业中的法语外来词进行了历时统计，以实证考察的方法证实了语言接触的作用。该项研究使用的语料库为俄语本族语语料库(Russian National Corpus，简称RNC)中的文学小说部分，是典型的单语语料库。当前国际学界基于语料库的语言变化研究多是基于以布朗家族为模型建立和组合的语料库进行统计。Leech *et al.*(2009)对1961—1990年间英语语言语法的变化进行了研究，得出的结论是英语发展具备口语化倾向，并且通过不同文本类型的比较对比进行了较有力度的阐释。

　　基于语料库的语言接触研究主要是指与翻译相关的研究，也是本书探讨的主要内容。翻译和语言接触的研究有两个研究角度：跨语言的角度和翻译研究的角度。跨语言的角度主要是比较两种语言经过语言接触发生的变化，重在考察不同语言系统之间的差异，翻译的作用很少提及；翻译研究的角度主要是指研究旨在考察不同语言接触环境下语言如何变化，探讨影响语言等发生变化的翻译因素，包括与语言接触领域一脉相承的社会文化因素、语言类型因素、认知因素等。此外，值得一提的是，近些年认知接触语言学也为基于语料库的语言接触研究的发展提供了助力。在2015年第十三届"国际认知语言学大会"之后，Zenner *et al.*(2018)编著的《认知接触语言学》(*Cognitive Contact Linguistics*)将认知语言学和接触语言学相结合，独辟蹊径，探究了语言变化背后的认知因素。

2.2.3　语料库语言学的研究路径

　　基于语料库的语言接触研究通常使用历史数据构建语料库，或者使用词典以及网络数据作为数据资源考察语言的多样性变化。在语言演变研究领域，基于语料库的历时语言分析研究可以为社会之所以采用语言的新形式而摒弃其他形式的选择提供更为深刻的洞察（Baker，2010：80）。Baker（2010：1）认为，在过去的20年，语料库语言学在历史语言学的研究领域起了很重要的作用。研究者可以基于语料库勾勒出语言在特定的人群和文本类型中所发生的变化，且采用大规模的自然语料比参照小型的文本更有说服力。语料库语言学的发展极大地促进了对语言接触和语言变迁的考察。

在历史语言学领域，早期的英语语言历时研究由于语料库缺乏而受到制约。较具代表性的历时数据库为Helsinki Corpus、宾夕法尼亚大学历史数据库（Penn Parsed Corpora of Historical English，简称PPCHE）和ARCHER语料库。其中，Helsinki Corpus分三个时段，分别为1150年前、1150—1500年、1500—1710年，共计1,572,820词，涉及多种文本类型。PPCHE在Helsinki Corpus的基础上进行了词性和句法的标注。ARCHER语料库主要涉及1650—1990年间的语料，共切割成七个时间段，每段间隔大约50年，分为英式英语和美式英语，为纯文本的格式。该语料库涉及笔语和口语，包括11种文本类型，共1,000个文本，共计1,700万词。

以上历史语料库的创建为考察语言的变化发展提供了可贵的资源。例如，Hundt（2004）在基于ARCHER语料库的基础上考察了被动语态的进行时。Kytö & Rissanen（1996）使用ARCHER语料库与Helsinki Corpus的组合对现在完成时中的be动词和have进行了历时分析。在语言接触研究领域的最新进展中，仍然能看到以上代表性语料库的生命力。Mous（2020）在考察斯瓦希里语对东非语言的影响时，使用了赫尔辛基–斯瓦希里语料库和Helsinki Corpus进行对比性的研究。在有关历时语言变化的研究中，除了使用以上的长时语料库外，还使用到了拼接起来的短时语料库。使用得较多的是将Brown语料库和LOB语料库进行拼接，进而考察英语语言的变化。例如，Leech *et al.*（2009）利用时间间隔30年的英国英语和美国英语的语料库进行了当代英语语法变化的研究。

此外，相关的历史文献数据库（historical literature database）还有 Early English Prose Fiction（EEPF）、Eighteenth-Century Fiction（ECF）、Nineteenth-Century Fiction（NCF）、English Prose Drama（EPD）、Early American Fiction（EAF）、American Drama（AD）等。这些历史文献数据库的优势在于库容大，可以提供翔实可靠的数据，可以对所考察的词汇或者语法现象进行连续的、历时的勾勒。不足之处在于，这些数据库的语法信息标注有限，还算不上是现代意义的语料库。

此外，在互联网上可以搜索到各种各样的网络电子数据库，其中就有不少数据库囊括了很多时新且多样的文本类型数据，这些也因此成为语料库研究的辅助资源。然而，这些数据库很多都不是为语料库研究的目的而建设，并由于技术的限制，在以前都很难被纳入真正的语料库研究范畴。

近年来，随着语料库技术的进步，这种网络电子数据库通常被用作语料库的有益补充，辅助平行和类比语料库的研究。例如，Hansen-Schirra（2011）对科普类文本做了历时考察。其语料主要选自德语翻译文本和原生文本，均出自英德跨语言语料库（Cross-linguistic Corpus，简称英德CroCo语料库），出版时间从1990至2005年。部分历时语料就来自《德语电子词典》（一个网络版的德语词典，*Digitales Wörterbuch der deutschen Sprache*，简称DWDS）中的Juilland-D语料库。这个语料库包括1920至1940年间德语语料库10万词，可以直接通过网络检索获得。

2.2.4 语料库翻译学的研究路径

基于语料库的语言接触研究逐渐从口语语料的考察走向书面语语料的收集。翻译文本是书面语言接触及多语语篇产出的主要表现形式。双语语料库的发展之于语言接触研究相当于活水灌入，极大地促进了该领域的文本化发展趋势。如果说单语的历时语料库可以使我们看到一种语言的变化，双语语料库的考察则可以使我们管窥语言接触和变化的内在机制。

基于语料库的语言接触研究的新发展与语料库翻译学的发展息息相关。基于语料库的翻译和语言接触研究逐渐趋于成熟，是对该领域研究的重要贡献。其早期阶段的研究主要是对语言接触变体的口语进行录音和转写，并以此为基础建设语料库，进行相关的分析和考察。这其中不乏一些基于双语语料库的研究，多是二语习得领域的考察，如Yip & Matthews（2006）通过构建广东话和英语的双语语料库研究儿童的语言发展规律。类似研究均局限在口语语言。

双语语料库的出现和发展始于20世纪90年代初，主要应用于两个领域，即"语言对比"研究和"跨语言"研究（Olohan 2004：28）。这种在语言对比和跨语言领域的应用同样促进了翻译和语言接触领域研究。此外，兴起于20世纪90年代末期的类比语料库也在较大程度上推动了翻译和语言接触研究的发展，为语言接触的翻译效应考察提供了确凿的数据支撑。

基于语料库的翻译和语言接触研究主要使用平行语料库和类比语料库相结合的模型进行考察。通过这种复合模式考察语言变化的研究已有不少成果，比较具代表性的有Baumgarten（2008）、Becher（2009）、Steiner（2005a, 2005b, 2008）、House（2011a, 2011b）、Bisiada（2013）、Malamatidou（2018）等。对此，Hansen-Schirra（2011：143）也认为，"类比语料库与平行语料库应结合起来，去考察翻译语言特征是否是因为受到了源语语言的影响"。

通过历时的复合型语料库的构建进行翻译与语言接触研究大概有两种路径：（1）由果及因的路径，即首先通过类比语料库进行考察，之后通过平行语料库验证其源语透过性的影响；（2）由因及果的路径，即首先通过平行语料库进行检索，之后考察类比语料库中的变化趋势是否与其一致。此外，在基于复合语料库的考察中多辅以由其他文本类型构成的参照语料库，如经过编校的文本、较早时期的文本、多语语种的文本等，以此构成效度语料库的考察类型。

在基于前一种路径的代表性研究中，Becher（2009）对英语和德语中的转折连接词的变化进行了考察。其研究步骤为，首先通过类比语料库检索出翻译语言与原生语言的变化，之后通过平行语料库来观察这些翻译语言中的变化是否受到源语的干扰，从而界定翻译对原生语言的影响程度。Baumgarten（2008）对英语和德语的第一人称代词复数形式进行了比较。其研究方法为，首先对两种语言中的该语言项功能进行说明，其次通过结合类比语料库的变化进行比较，最后通过平行语料库发现其与源语之间的转换规律。戴光荣（2013）通过将平行语料库与类比语料库结合起来对译语中的源语透过性进行了研究，但其研究仍局限在共时的阶段。戴光荣、左尚君（2018）通过兰卡斯特现代汉语语料库（LCMC）和浙江大学翻译汉语语料库（ZCTC）的类比语料库考察，发现汉语译文语料库的轻动词使用频次远远高于汉语母语语料库，之后检索了自建的汉语历时可比语料库，发现轻动词的使用随着时间的推移，呈现出增高的趋势。研究最后通过英语平行语料库的考察，认为这种使用模式受到了英语源语和目标语语言规范的影响。

在后一种路径的代表性研究中，Bisiada（2013）对英语和德语中的转折和因果连接词的历时变化进行了考察。研究首先通过平行语料库对前一个时间段的德语译文和后一个时间段的译文进行历时的比较，之后进行基于类比语料库的考察，分析其发展趋势是否与翻译文本中的发展趋势相同。这种考察方式可以发现翻译文本在历时发展中所独有的变化，以及这种文本类型发展中总的变化规律。庞双子、王克非（2018a）通过基于平行语料库的研究，对汉语翻译文本和原生文本中表示对等关系的连接词进行了历时的考察，将其分为对等的表达和非对等的表达这两种转换形式。通过对前一种表达的考察，可以判断源语透过性的影响变化；通过对后一种进行的考察，可以看到显化和隐化的历时变化规律。之后再通过基于类比语料库的考察，分析翻译文本中呈现的历时变化是否与原生文本的历时变化相同。研究结果显示，不同时期汉语翻译文本与原生文本在对等关系连接词的使用上具有相关性，翻译文本中的显化特征会迁移至原生文本中。

此外，基于语料库的翻译研究与量化的语体研究相结合的研究也是近年来的增长点。翻译领域的语体分析研究最早见于20世纪80年代。Ure（1982：16）在提及双语情境下的语体研究时提出了"第三种语体"的概念。当时的语体讨论只是在语篇分析或者探讨某一翻译相关问题时被提及（可参阅Newmark 1988以及Nord 1991）。此外，House（1997）将语体分析引入到了翻译质量评估。语料库翻译研究和量化语体研究的结合，部分源于跨语言的语体研究（Neumann 2014；Teich 2003），部分源自对翻译文本自身特征的考察（Steiner 2008）。尽管语体被一些研究视为翻译文本特征的影响因素（参阅Delaere & De Sutter 2013；Kruger & Van Rooy 2012；Redelinghuys 2016），但将翻译文本和非翻译文本的语体特征作对比考察的研究还比较少（Kruger & Van Rooy 2018）。基于此类研究的语料库也逐渐建成，并得以完善，如英德CroCo语料库（Hansen-Schirra, Neumann, & Steiner 2012）、国际英语语料库（International Corpus of English，简称ICE）、Black South African English（简称BSAfE，Kruger & Van Rooy 2017）、Australian Diachronic Hansard Corpus（ADHC）等。

综合而言，以上研究路径尽管在推进翻译触发的语言变化研究上起到了重要的作用，但这类将翻译文本和原创文本进行比较的研究仍然具有局限性，即相关性不能代表因果关系；历时语料库的构建，并不代表一个时期翻译文本的发行数量与原创文本的发行数量是相等的。这也是历时语料库的局限性，即很难呈现一个时期的全部信息（庞双子2021）。此外，Neumann（2011）认为，在历时语料库研究中，原创文本的作者如果经常阅读英语原作，也会对其创作发生影响，但这种观点尚未受到重视。一般来说，语料库研究很难观察到原生文本的作者究竟是通过翻译作品的阅读，还是英语原文的阅读，而影响其创作语言的使用。英文源语影响和翻译文本影响的厘定，翻译和语言接触二者影响因素的剥离都是透过翻译的语言接触领域需要在后续研究中去关注和完善的。

2.3　基于语料库的语言接触研究的统计方法

统计方法是基于语料库的语言接触研究中较为重要的方法之一。根据 Joseph（2008：687），语言学已然出现了数字化和数学化的趋势。量化统计的形式化和模型化正在与日俱增。随着语料库翻译学的发展，在基于语料库的语言接触研究中应用到的统计方法也呈现出更加多元化和复杂化的特点，从最初的绝对频率的统计逐渐走向方差分析、多因素分析、多维度分析等统计方式。随着语料库翻译研究的发展，基于R语言的可视化统计方式的研究逐渐增多，这种基于多个变量的数据挖掘也同样推动了翻译和语言接触研究的发展。以下分别从频率统计、相关性分析、方差分析和多元统计等方面介绍语言接触研究中常用的统计方法。

2.3.1　频率统计

频率统计是语料库研究领域中的一种常用统计方法。在基于语料库的共时研究中，频率统计通常用来比较不同双语者对某些词项或者语法现象的借用或语码复制的使用情形。在基于语料库的历时研究中，频率统计通常用于考察某些语言项在不同时间段的变化幅度，属于基本的统计范畴。值得一提的是，在语言接触的研究中，可以通过频次的考察分析词项的借用或者转移从低频到高频的变化。在语言接触情境中，低频使用的语言模式会以另外一种语言为模型发展成为高频的使用模式（Heine & Kuteva 2005：45）。频率统计可以应用到词汇频次及其搭配、语义韵，以及句法、语义和语篇、交际规范等多种考察层面。

2.3.2　相关性分析

相关系数（correlation coefficient）是一个研究变量之间相关关系密切程度的统计指标，又称皮尔逊相关系数（Pearson correlation coefficient）。在共时的语言接触研究中，相关性分析可以对不同的双语者或者多语者在语言借用或者语码复制时所发生的语言内部或者语言外部因素的相关性进行深度测量。例如，Adamou（2016）对所考察的四种语言变体与双语者的语言、性别和年龄进行了相关性的统计。研究表明，每一种语言的男性和女性在语言的借用上频次相当，在年龄上也并未呈现出差异。在对借用与语码转换进行相关性统计时，研究发现二者并不具备相关性。

在历时研究的考察中，相关性统计可以用来考察不同类型的文本之间的关系，如翻译文本和非翻译文本或不同语体与考察语言项等。Bisiada（2013）通过相对频率的使用对德语翻译文本中转折关系连接词和因果关系连接词的历时变化进行了测量。此外，在研究中常使用对应分析的方法来实现多变量的考察。较具代表性的如Delaere & De Sutter（2017）在对英语中的外来词进行考察时，考察了比利时−荷兰语、从法语翻译而来的荷兰语，以及从英语翻译而来的荷兰语变体在不同文本类型上的区别，并使用对应分析的方法进行了统计。研究结果显示，以英语为源语的荷兰语翻译文本与荷兰语原生文本，以及以法语为源语的荷兰语翻译文本与荷兰语原生文本在外来词汇的使用上都具备较为显著的差异。此外，庞双子、王克非（2018a）采用对应分析的方法对汉语翻译文本和原生文本在三个时期的对等关系连接词的使用做了相关性分析，研究显示其频次的使用在第一个时期和第三个时期较为接近。

2.3.3　方差分析

方差分析（ANOVA）能对不同文本在各个维度以及重点指标的历时变化上进行较为精确的统计。在语料库研究领域，单因素方差（one-way ANOVA）主要用于考察某一项影响因素对不同文本的效应。研究方法通常是将每一个文本做频次统计，并从中随机抽选部分文本，对其进行正态化检验和方差齐性检验。如果p值大于0.05则表明其具备同质性，可以做进一步的方差统计（方差有效取值为p=0.05）；之后通过图凯函数

（Tukey HSD）对这三类文本进行两两检测，确定具体差异。

在相关的历时研究中，Kruger & Smith（2018）使用单因素方差分析的研究方法从六个维度考察了澳大利亚英语在五个时间段的历时变化。在对第一个维度（介入性和信息性）的考察中，研究发现其在1901年和1935年这两个时间点发生显著性的变化；与1901年相比，1950年以后的数据呈现出口语化减弱、信息化增强的趋势，但与1935年相比，趋势则相反。据此，建立在历时考察基础上的方差分析可以对不同年代之间的两两差异（即差异发生在三个时期中的任意两个时期）提供更为确凿的数据支持。

2.3.4 多元统计方法

语言接触研究中的多元统计方法包括多因素统计方法、多元回归、多维度统计、随机森林等多种统计方式。就共时语言接触研究而言，同样以Adamou（2016：110）的研究为例，如果将"借用"视为因变量，言语者个体、年龄、性别、语言、地点、录音档期、文本类型等视为随机因素，莫利塞的斯拉夫语言与其他三种语言变体在语言借用上具有显著的区别，并且通过条件推理树的方法证实了"语言"这个因素的高预测强度。类似的模型也考察了借用等级和其他三个因素的关联。研究同样显示"语言"这个因素具有高预测性（$\chi^2(3)=31.1$，$p<0.001$），是引起借用的主要原因。

迄今为止，在历时语言接触研究领域，语料库翻译研究多是建立在单个因素的探讨上。对一种语言现象的形成，往往只考察了众多影响因素中的某一个，而忽略了其他因素。一种语言现象的发生往往是多个因素共同作用的结果，包括语言内部因素和语言外部因素，如语法复杂度、生命度、文本类型和话语者性别等（De Sutter & Lefer 2019：5）。多因素考察可以使语言接触研究更为深入。较具代表性的如De Sutter & Lefer（2019）以多因素统计方法探讨翻译文本中句式显化的动因。其创新之处在于，不同的变量可以作为不同的考察因素，如语域可以用来在语体的正式和非正式方面衡量风险规避因素；源语语种可以衡量跨语言的影响；主句中的动词与宾语从句中的that之间的距离可以衡量认知因素的参与。

多维度统计方法的应用可以不局限于对单独的指标进行考察，还可将大量语言特征进行宏观的维度划分，考察其内部特征。这也是语体实证研究领域的重大突破。多维度统计方法最先由Biber（1988）应用到语体分析研究。近些年，部分学者将其与翻译研究较好地结合起来。例如，Kruger & Van Rooy（2018）对书面语的英语语言变体的语体变异进行了多维度的统计分析，成为该领域研究的一项重要成果。该项研究以Biber（1988）所列67项语言特征为指标，通过因子分析，得出了四个主要因子（也即四个维度），分别为：书面语体的非正式特征、详述介入和综合信息特征、非现实性和信息叙述特征、口语汇报或者复述等特征。研究进一步对翻译语体和非本族语语体进行了多维度的分析。结果表明，与本族语变体相比，接触变体显示出更少的介入性特征。

此外，随机森林是一种重要的基于套袋法（bagging）[1]的集成学习方法，可以用来做分类、回归等问题。随机森林具有许多优点：具有极高的准确率；不容易过度拟合；有很好的抗噪声能力；能处理很高维度的数据，无须做特征选择；既能处理离散型数据，也能处理连续型数据，且数据集无须规范化；训练速度快，可以得到变量重要性排序，容易实现并行化[2]。例如，Kruger & Smith（2018）构建了澳大利亚历时议会语料库（Australian Diachronic Hansard Corpus，简称ADHC）并将其分为五个时期，对澳大利亚英语这种语言变体进行了口语化和严密化交织发展的历时维度考察。研究分为宏观考察和微观考察。在宏观考察

---

1 套袋法的英文是Bagging，它采用随机替换样本的方式，不会出现在再次采样的数据集之中，每个分类器从训练数据集接收随机样本子集，这样的随机样本子集按照轮次（round）提供，是一种有效地降低模型方差的方法。（2022年8月7日，引自 https://www.sohu.com/a/459554951_120396605）
2 引自https://blog.csdn.net/weixin44728197/article/details/126658214（获取日期2022年8月10日）

中，研究使用了随机森林的统计方式对 Biber（1988）提出的六个考察维度进行了预测，发现预测性最强的为第五个维度，即抽象性与非抽象性特征。

2.4　代表性语料库介绍

2.4.1　"隐性翻译"（covert translation）项目的复合型语料库研制

"隐性翻译"项目是由德国科学基金多语研究中心进行的研究项目。其研究问题是翻译文本和多语篇产出文本的文化–语篇规范是否在英语和目标语聚合的过程中起作用，亦即英语作为全球通用语是否会对其他欧洲语言发生影响。目前，研究关注点已经扩展至其他规范交际层面。

英语作为全球通用语，在国际交流中发挥重要作用，势必会在语言接触中起着十分重要的作用。该项目的研究初衷是考察通过语言接触引发的语言多样性和语言变化。历时类比文本和隐性翻译文本可以为这种研究提供可靠的考察路径。"隐性翻译"是 House（1997）提出的概念，是指在翻译的过程中原文通过"文化过滤"（culture filter）被顺应至目标语语言的语言规范形式。如果英语作为全球通用语影响较大，这种原文的文化过滤将会受到阻碍（House 2011a：164）。

依托该项目已经建成的语料库如图 2.3 所示。该语料库主要为历时语料库，既包括历时平行语料库（parallel corpus），也包括历时类比语料库（comparable corpus）。语料来自三种文本类型：计算机使用说明、科普文献、商务通讯。选取这几类文本的原因在于其可以反映全球化和国际化的进程。库容共 550 篇文本，80 万词。历时语料库涉及两个时期，分别为 1978—1982 年、1999—2002 年。

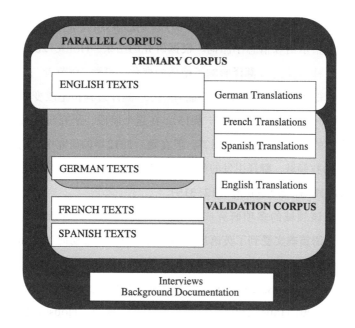

图2.3 "隐性翻译"项目语料库构成（House 2011a）

　　该语料库由主体语料库（primary corpus）、平行语料库（parallel corpus）和效度语料库（validation corpus）组成。这里的主体语料库实际相当于常说的平行语料库，即具有翻译关系的语料库。如图2.3所示，其中囊括了英语源语及其德语译文、法语译文、西班牙语译文。主体语料库可以考察翻译文本的转换情况。平行语料库涉及来自相同文本类型、相同主题的英语和德语的源语文本。平行语料库的文本可以用来考察不同语言之间，如英语和德语之间的语言规范的异同。效度语料库中既包含英德反方向的语料，也包括英语到法语、英语到西班牙语的语料。该子语料库可以考察一些语言现象是英德语言独有的还是多种语言对共有的。

　　从21世纪初期开始，基于该语料库的研究已经产出了一系列颇具影响的成果。House（2011a）通过该语料库以主观性（subjectivity）为研究对象，将其细化为五个层面：情态动词、句子状语、言语者—听者指示语、复合指示语和情态小品词。根据研究的结果，House（2011a：205）提出了三种假说：（1）翻译影响了德语的变化，堪称"调节者"；（2）翻译反映德语的变化，但不是"始作俑者"；（3）翻译过程拒绝改变，是文化的"保护伞"（庞双子、王克非 2015）。在这个阶段，研究没有就翻译对德语发生的影响给出明确的回答，但在随后2012年的研究中，则明确表明："在科技领域，翻译引发的英语对德语的影响是一种边缘现象"（参看Kranich, House & Bechor, 2012：315）。

基于该领域的多项研究成果证明，在言语者—听者指示词和衔接上，德语语篇确实受到了英语规范的影响，但在情态动词（Becher *et al.* 2009；Bicsár & Kranich 2012；Kranich, Becher & Höder 2011）、连接结构（Bührig & House 2004）和事件描述显化现象和连贯关系等的表述上（Becher 2009；House 2004），这种影响不是很明显。House（2011b）进一步对部分语篇标记的形式和功能层面做了考察，发现"文化过滤"同样起到作用，德语在部分语篇标记上呈现出口语化的特征，并认为so引导的部分搭配有可能会随着时间变化从德语翻译文本渗透到原生文本。

2.4.2 英德 CroCo 语料库的研制

德国萨尔大学Silvia Hansen-Schirra、Stella Neumann、Eric Steiner三位学者领衔在德国研究基金（German Research Funding）资助下，基于英德CroCo语料库的研制取得了一系列研究成果。该项目旨在从英德语言视角考察翻译文本的语言特征，其理论根基主要体现在四个层面：翻译文本和语言特征层面；语言变异和语体之间的模型层面；语料库设计、实施和技术层面；语言对比，尤其是意义的解码方式层面。这项研究项目将翻译文本视作一种接触语言变体，对语言对比和语言接触领域起到了助推作用。

英德CroCo语料库主要是设计用来考察翻译文本相对于原创文本的

典型特征，涉及了一些其他翻译语料库诸如翻译英语语料库（TEC）和奥斯陆多语语料库（Oslo Multilingual Corpus）没有涉及的内容。该语料库的设计理念为：翻译文本的特征应该是系统性的；反复出现的文本特征只有通过实证的方法才能解释；只有通过量化的方法才能解释得更具体（Hansen-Schirra *et al.* 2012：25）。Steiner（2001）认为，通过语料库得出的结论应该可以从三个角度进行阐释：语言对比、语言类型学；语体比较；翻译中的认知负荷。此外，双向的对比也应该考虑在内。

在语料库的设计上，英德CroCo语料库在库容、平衡性、可比性上均有考虑。首先，考虑到语体变异是影响翻译文本特征的一个主要的因素，该语料库中囊括了多种文本类型。其次，在翻译方向上，两个方向上的翻译文本有助于对一些共性现象进行考察。如图2.4所示，该语料库主要包括四个子库：英语原创语料库（EO）、德语翻译文本（Gtrans）、德语原创文本（GO）、英语翻译文本（Etrans）。此外，还包括英语源语的参照库（ER）和德语源语的参照库（GR）。参照库因包括多个语种的译本，可以用来消除语言类型对译者采取的转换方式的局限。参照库还可以协助对某一文本类型的语言特征进行界定和提取。由此，该语料库模型包括双语平行语料库、单语类比语料库（同一种语言的翻译文本和原创文本）、多语类比语料库（不同语言的原生文本）。其中，英语翻译文本的语料取自曼彻斯特大学创建的TEC语料库中的小说部分，英语源语文本的语料取自英语国家语料库BNC中的小说部分。翻译语料库和原创语料库各包括500万词。

该语料库囊括了八类语体，每类语体包含至少10个文本，共计10万余词。这八类语体分别为政治文献、小说文本、说明文本、科普文本、企业传讯、有备演讲、旅游手册和网站文本。目前，该语料库已进行了多个语言层次的标注，包括句法、词性、短语结构、语法功能和语义关系，并且已经实现了词级、短语级、语法功能、小句以及句子层面的对齐。这也是历时语料库领域较为前沿的语料库模型，此前基于该语料库的建构已经涌现出多项研究成果（Čulo & Hansen-Schirra 2017；Hansen-Schirra *et al.* 2012；Neumann 2011；Steiner 2012）。

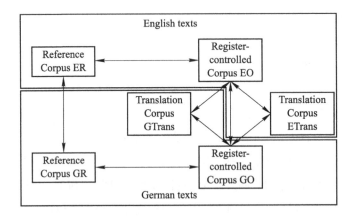

图 2.4 英德 CroCo 语料库构成（图片取自 Hansen-Schirra *et al.* 2012: 33）

但该语料库也存在一些弊端，如未能解决社会文化和语言分类之间的关联，即在从一些典型的特征向更为语用化或者社会文化特征上游走的过程中，语言特征指标与社会文化层面的匹配难度越大。此外，历时空间设计不足，虽然种类上较为丰富多样，但并未涉及多个年代的历时比较，大多为共时语料库。

2.4.3 特洛伊 [1]（TROY）多方验证语料库的研制

特洛伊（Translation Over the Years，简称 TROY）多方验证语料库，是一个历时翻译语料库，收集了 1990—2010 年三个时间段共计 20 年时间

---

1 本处翻译为特洛伊，也是该文作者要表达的本意，并认为翻译语料库并非是特洛伊木马，并在文中就此做了探讨，认为翻译文本对原生文本语言的影响不会使其走向单语主义，而是同意 House 的观点，认为翻译语言是对原生语言的一种有益的补充。

的希腊语翻译科普语料及其对应的英语原文以及这三个时间段的非翻译希腊语原创文本，库容约50万词。该库分为三个子库。第一个子库收集的是非翻译的希腊语科普文本，分为三个时间段，即1990—1991年、2003—2004年和2009—2010年，将20年的时间分成了三个时间段，属于短时考察的范围。对不同时间段的非翻译文本的希腊语进行考察，可以发现希腊语自身语言特征的变化。第二个子库包括后两个时间段，即2003—2004年和2009—2010年的翻译文本和非翻译文本，即历时类比语料库。通过对历时类比语料库进行考察，可以发现翻译文本不同于非翻译文本的自身的特征。第三个子语料库为后两个时间段，即2003—2004年和2009—2010年的平行语料库，即英语源语和希腊语译本。基于平行语料库的历时考察，可以发现翻译文本中语言特征的变化规律。科普文本类型在希腊语中成熟较晚，20年是对英语和希腊语这两种语言所能考察的最大时间跨度。该项研究选取时间较为靠后，原因在于越是往后的时段，文本形成越趋向成熟，越有利于考察文本的"改编"（adaptation）现象。

该语料库的多方验证性质主要体现在：（1）同一个参数的不同功用的组合，如在时间参数上分为共时语料库和历时语料库；（2）同一项功能的不同属性的组合，如两个不同语种的类比语料库的组合或者不同文本类型的翻译文本语料库的组合；（3）不同参数的功能组合，如类比语料库和平行语料库的组合；（4）不同功能不同属性的组合，如不同语言的不同文本类型组合。具体的语料库的模型如图2.5所示。

与其他大型语料库相比，TROY的库容较小，但由于基于该语料库的研究主要集中在被动语态领域，因此在库容上已满足需求。Labov（1981）认为，相距20年较为适合历时研究，中间的参照时间也正是科普类翻译文本在希腊更为流通的时间点。通过这项考察，可以分析语码复制过程中的"习惯化"阶段，即反复使用相同的语言特征的这个特点是否与这个时期有关。基于该语料库，Malamatidou（2013，2016，2017a，2017b，2018）进行了一系列的相关研究，如对被字句、新词词汇、连接词和分裂性结构等的考察。

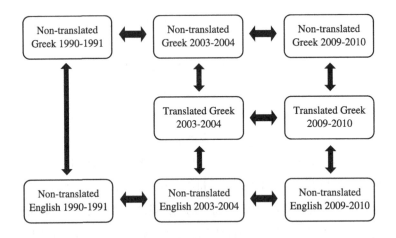

图 2.5　特洛伊（TROY）多方验证语料库模型（Malamatidou 2018: 140）

2.4.4　英汉历时语料库建设和发展

较具代表性的汉语语料库有北京大学汉语语料库（The CCL Corpus of Chinese Texts，简称CCL语料库）、国家语委现代汉语通用平衡语料库（CNC）、北京语言大学现代汉语语料库（BLCU Chinese Corpus，简称BCC语料库）、人民日报标注语料库等。英汉双语语料库主要以北京外国语大学双语平行语料库为代表。此外，还有兰卡斯特大学创建的英汉平行语料库（Babel语料库）、上海交通大学莎士比亚语料库、《红楼梦》汉英平行语料库等。具有代表性的汉语翻译语料库包括兰卡斯特大学创建的翻译汉语（ZCTC）语料库、与其相同体例的原创汉语语料库（LCMC），以及西南大学胡显耀创建的翻译汉语小说语料库。

我国研究创建的英汉历时语料库较少，多是以共时的语料库进行拼接和组合。例如，在语言接触研究的考察中，通常是将LCMC和ZCTC，即原创汉语和翻译文本汉语进行比较，之后再进行汉语历时语料库的考察，如基于CCL语料库的检索。此外，Dai（2016）通过创建澳门地区的两个时间段（1930—1960年和1970—2000年）英汉平行语料库和原创汉语的类比语料库，对学术文本的语言变化进行了考察。

我国的历时语料库建设主要以北京外国语大学的历时复合型语料库为代表（参阅王克非、秦洪武 2017；庞双子 2021）。该语料库选取20世纪100年间的三个时期作为考察的时间点。第一个时期为1930年前后。1919年五四运动以后，外国文学作品大量译入中国，现代汉语的基本面貌在这个时期逐渐形成。第二个时期为1960年前后。新中国成立后，文化知识普及，现代汉语白话文更加成熟。第三个时期为1990年前后。中国实行对外开放政策，出现了新的学术译介大潮，汉语白话文在此前基础上发生新的变化（庞双子 2018，2021）。因历史事件的影响具有滞后性，研究以上述三个时期的文学翻译文本语料作为考察对象，即1927—1937年、1957—1962年、1987—1995年，并对比同期的汉语原创文本。此外，鉴于清末的汉语既包括文言文，也有半白话文的情况，研究再辅以清末未受翻译影响的汉语语料库作为参照语料库进行多方验证。基于以上历时复合型语料库涌现出了一系列研究成果，如王克非、秦洪武（2017），庞双子、王克非（2018a），王克非、刘鼎甲（2018），Pang & Wang（2020），庞双子（2021）等。目前，该语料库仍在建设和扩展中，涉及多个文本类型、语种以及翻译方向（既包括英译汉，也包括汉译英）。

2.5　案例分析

2.5.1　案例1：基于"隐性翻译"项目的翻译语言发展变化研究

House（2011b）在题为《英德译文及原文中的连接结构》（"Linking constructions in English and German translated and original texts"）的

文章中考察了英德翻译连接结构对德语影响的研究。该项研究主要通过对英德翻译文本和德语原创文本语料的收集考察英德语篇的连接成分for example和for instance的使用情况，旨在探究翻译文本和原创文本的类比语料库建库方法如何提升我们对语言现象的比较和理解。此项研究为"隐性翻译"项目的部分成果。由于不同语言文本之间的比较日益成为世界所需，此项目旨在考察这些隐性翻译后的文本如何通过语言接触影响语言的变异和发展。作为世界通用语的英语会在这种语言接触情境中发生作用。如果其影响足够强，文化过滤则会被阻止，盎克鲁的语篇特征就会投射到目标语的文本之中。

此项研究创建了1978—1982年和1999—2002年两个时间段的语料库，库容约为50万词，主要以英语中的for example和for instance为检索词，并对其前后各五个单词进行搭配检索。同时，检索内容还包括德语翻译文本中的对应表达，以及原创德语中对应的表述。

研究假设英语的语篇规范会对德语的规范发生影响，德语翻译文本会首先受到源语的透过性影响，之后德语原创文本会按照英文的规范随之进行改编，文化过滤也会随之受到阻隔，使得英语发生影响。研究认为，英语中for example和for instance的使用频次会影响到德语的翻译文本，从而使得德语的原创文本中也出现使用频次的增加。

研究首先对英德语篇中连接成分的使用和功能进行了比较。此项研究考察点选取的创新之处在于，连接成分选取了多词结构，这在以往的单语语篇乃至对比研究中十分鲜见。本研究选取for example和for instance为考察词组，还在于这两个词组在科普类文本中的使用频率较高。

研究设置了五个环节对这两个词组的使用变化进行分析。首先是对英语源语文本的考察。虽然这两个词组可以经常换用，但通过历时考察发现，在后一个时间段的语料中，for instance的使用频次相比在前一个时间段的语料中要多。研究进一步对其搭配进行考察后发现，for instance更倾向于和静态事物一致性的描述，亦即发生在真实世界中的描述。例如，在句子"For instance, people could deflect asteroids that cross both the orbits of Earth and Mars"中，for instance之后伴随的是发生在真实世界中的事物状态，而不是诸如名物化短语"the/a deflection of asteroids"这样的语法隐喻形式。根据Halliday（1989）所述，反映名物化和抽象化的语法隐喻通常是书面语言的特征。据此，研究判断，从历时的角度来看，英语在该词的使用上呈现出口语化的变化趋势。这种研究结论与该项目的早期研究结论和其他建立在大型语料库上的研究结论一致。

接下来，研究对英语和德语中两个词组的对应情况进行了质性分析，即德语翻译文本较之英语源语文本是否更倾向于使用较为多样的表达。这种现象主要源于英语的很多文本类型都倾向于使用常规的表达方式，而德语中则是根据情境不同会有不同的组合出现。这种差异也可视作一种隐性翻译的体现，即德语翻译文本通过文化过滤拒绝英语语言规范的影响。此外，这种差异还体现在德语翻译文本在使用这两个词组时通常添加so一词（如表2.1所示）。

表 2.1 德语翻译文本中 for instance 与 so 连用的频次

	1978-1982	1999-2002
German equivalent co-occurring with *so*	66%	63%
German equivalent occurring without *so*	34%	37%
Total	100%	100%

此研究只对so充当副词的情形做了进一步分析。研究发现，德语译文中添加so的原因在于：（1）提升句式衔接度。与英语相比，德语在连接结构的使用上不倾向于使用左偏置结构；（2）连接词的添加可以通过"元语用的引导"使得文本张力增加和语用信息显化；（3）so的指示功能可以传递局部内聚连接，起到强有力的前后语的过度作用，引导读者将注意力

集中在前后文，使读者在认知上将两种视角结合起来。研究接下来进一步通过质性分析对德语译文中so的使用提出了三种解释：（1）so的添加改变了语篇中的信息单位，从两个变成三个；（2）为使译文更加明晰，规避风险；（3）德语中与英文两个词组对应的单词实际上为so。

在第四个环节，研究对英语语料库中两个时间段中so的使用进行了考察，发现在英语语篇中so的使用更加趋向于口语化。在第五个环节，即在德语翻译文本和原创文本的类比语料库考察中，研究发现德语的原创文本呈现出与翻译文本并不相同的使用特征。德语原创文本中so的使用通常很少与for example或者for instance连用。从语言对比的角度来看，英语中的so通常用来表示书面语篇的口语化，不会直译成德语译文，而德语中的so则是通常起到连接读者和作者认知的作用。研究结论认为，在这项考察中，英语对德语的影响受到了阻隔，文化过滤产生了重要作用。

2.5.2 案例2：基于英德CroCo语料库的翻译文本规范性和透过性研究

Hansen-Schirra（2011）通过构建英德科普类平行语料库和类比语料库，对翻译文本中规范性和透过性对德语原创语言的影响进行验证，其研究独特之处在于将翻译产品与翻译过程相结合。研究主要比较了内容主导型（content-oriented）（如科普读物）和对话者主导型（addressee-oriented）（如企业通讯）两类文本。

在语言检索项的选取上，根据Biber（1995）的指标检测结果，小说类型的语料库文本具有叙述性、情境依赖、非抽象性以及可编辑等特点。研究进一步提出假设，认为如果翻译类小说文本呈现出典型性特征的过多使用或者非典型性特征的使用不足，那么Baker所提出的翻译文本规范化假说就是成立的。研究一共分为四个步骤：（1）通过类比语料库量化考察翻译文本的特征；（2）在平行语料库考察时将源语的影响考虑在内；（3）探讨语言变化和翻译文本特征的关系；（4）从心理语言学的角度探讨翻译文本特征如何被目标文本与文本读者所接受。下面重点从历时维度的考察和心理语言学的考察这两方面进行分析。

1. 基于历时维度的考察

通过历时语料数据的考察，研究表明：(1)早期的科普文本较之现今的文本较少使用名词，更多地使用动词。这是标志该文本类型发生语言变化的强指标。(2)在所考察的部分特征上，当代德语翻译文本呈现出与原生文本相当的使用频次。其中，在名物化的使用上，历时德语原创文本使用频次增多。从哲学的角度来看，这属于世界物化的一种表现；从语言学的角度来看，则是语法隐喻的体现。

研究进一步得出如下结论：(1)英语在科学语篇中正在成为世界通用语，深刻地影响了德语语篇的发展。其中的一个明显表现，是德语的科普读物语篇发展更加以读者为导向，如第一人称代词使用频次的增加。(2)第一人称代词使用频次的增加有可能是受到英德翻译的影响。因为英语源语对翻译文本具备透过性效应，会对翻译文本的词项使用造成影响。但与此同时，研究问题也凸显出来，即在英德语言接触和翻译这两种因素中，究竟哪种因素影响了目标语语言的发展尚无确切的答案。

2. 基于心理语言学的考察

基于心理语言学的考察主要关注翻译文本特征如何被目标语读者接受以及译者如何评价这种翻译过程。接受程度实验主要使用眼动追踪的方法，分为两个实验环节进行，分别考察读者接受度和译者接受度。

在目标语读者接受度的实验环节，所选择的文本主要是来自通讯文本，复杂度的考察主要基于三个参数：句子复杂度、短语复杂度和名物化。文本难度分为三类：低等、中等和高等。使用眼动设备对20个被试进行检测，以确定不同难度篇章的可读性和认知负荷，具体使用注视点停留、眼睛运动和回视等方法。统计结果表明，中等难度的文本在首次阅读次数和回归路径持续时间上受到了被试的青睐。也就是说，在句子、名词短语和名物化的使用上，德语语言的最优可读性建立在中等难度的基础之上。中等程度的阅读难度往往会使得被试进行反复阅读次数最低。以上对规范化也有所启示，即文本中的规范化特征过高或者过低都会提升认知负荷。另一方面，干扰效应会提升低等难度文本的认知负荷，使得目标语读者的接受度下降。

在译者接受度的实验环节，为了检测译者的接受程度与目标语读者是否相同，研究采用了与前面类似的实验方式，对300名译者或者达到高等水平的翻译专业学生（均为德国本土人）进行了测试。研究结果表明，这些译者的接受程度不同于目标语读者。难度最低的文本接受程度最高，难度最高的接受度最低。以上研究结果表明，译者对文本难度的判断方式与普通读者不同，文本难度最低的可接受程度最高，随后是中等难度的文本。译者认为难度最高的文本不具备可接受性。究其原因，译者在首次阅读的时候往往浏览全文，意图发现翻译问题。这个结论也同样反映在译者对有关接受程度的评价上。总体来看，译者认为应该在以下四个方面尽量简化：名词前的复杂定语、名物化、复杂的后置定语、有小句嵌套的长句。

总体而言，这项研究对翻译和语言变化之间的关系进行了比较深入的分析。可以看出，平行语料库和类比语料库的结合不仅可以对不同语体的"翻译固有特征"进行对比分析，还可通过比较翻译语料库和历时文本考证翻译带来的语言变化。多方验证的方式，如历时的平行和类比语料库辅以心理语言学的实验研究，有利于阐述翻译和语言变化的关系。

2.6　小结

本章主要介绍了基于语料库的语言接触研究方法，主要包括田野调查法、语言数据诱导法、基于语料库的语言接触研究方法。在基于语料库的语言接触研究方法中，本章分别论述了语料库语言学和语料库翻译学对语言接触研究的促进作用和相关发展。本章还对国际上两个代表性语料库，即英德CroCo语料库和TROY分别予了介绍，并且简要概述了我国英汉语言历时语料库的建设情况。本章最后分享了两例代表性研究，分别为House（2011b）关于英德翻译连接结构对德语影响的研究，以及Hansen-Schirra（2011）关于翻译文本规范性和透过性和语言接触研究，并对这两例研究进行了剖析。

第三章 | 基于语料库的语言接触研究：跨语言对比

3.1 引言

一直以来，语言接触和多语现象是语言研究的主要驱动力。"多语现象"（multilinguality）是基于个体、社会文化团体或语篇而言的语言现象。基于个体的"多语现象"与社会语言学相关，通常指由二语习得获得的多语能力，如多语言语篇产出。Steiner（2008：320）指出，翻译这种语言接触的影响不同于其他语言接触现象，诸如借用或者干扰。原因在于，透过翻译的语言接触现象往往不易被察觉，由其产生的语言变体与本族语极为接近，并且在语言内部和语言之间的不同语体上均会发生。根据Steiner（2008），多语语言研究的主要课题包括：（1）语言接触与基因传承之间的互相作用；（2）语言和社会文化对干扰现象的限制因素；（3）语言接触引起的语言变化分析框架（如语言变化的层面；借用和通过转移的干扰；框架的预测力；语言外部和内部解释）；（4）语言维持；（5）规范化和例外的转移现象。

翻译和语言接触研究可以从跨语言对比导向和翻译导向两个维度展开。跨语言对比导向的语言接触研究通过比较两种或者多种语言之间的影响，从而考察语言之间在词汇或者语法层面的异同。翻译导向的语言接触研究也是通过比较两种或者多种语言，但其目的是探讨翻译因素对语言变化的促进作用及其运行机制。本章主要根据语料库的类型对跨语言对比导向的语言接触研究予以分类，并进行代表性案例分析。

3.2 基于平行语料库的语言接触研究

根据Teich（2003：10）所述，跨语言对比研究的主体往往是语言系统的比较研究或者是涵盖一种语言以上的文本研究。跨语言对比研究的动因在于探索语言共性或是进行跨语言比较的描写性研究。跨语言对比导向的研究和翻译导向的研究都涉及对翻译文本特征的比较，但各自的研究目的和研究方法不同。从研究目的上看，跨语言对比导向的语言接触研究旨在分析由语言接触因素引起的两种或多种语言在语言表征上的变化，考察两种或者多种语言系统由于语言接触而导致的结构变化，是从语法、词汇等方面对不同语言结构进行相似性的比较研究。翻译导向的语言接触研究旨在考察翻译缘何或者如何影响目标语语言的发展，虽然也是通过跨语言的对比和比较，但其研究目的重在后者，即强调翻译对语言接触和语言变化的触发作用。

从研究方法来看，基于语料库的跨语言对比研究主要分为共时和历时两个维度。共时的语言对比研究主要是针对双语语言进行的对比研究或者探究其限定因素。历时研究主要是通过描写性的研究方法考察语言项的历时变化。Adamou（2016）将这些研究称为"语料库描述研究"（corpus-illustrated）。跨语言对比导向的语言接触研究主要是共时研究。较具代表性的如Teich（2003）基于英语和德语双向翻译语料库的建设以及对英语源语和德语源语之间进行的比较，形成了较为全面的跨语言比较视角。虽然对翻译有所提及，如提到了源语透过性、规范化特征等翻译文本的特征，但该研究主要是以语言对比为重心的共时性考察。翻译导向的语言接触研究主要是通过历时语料库进行考察，较为典型的如Becher（2009）通过创建两个时段的历时语料库，考察了翻译文本对目标语原生文本的作用途径和影响因素。可见，在跨语言对比研究的考察中，翻译可以为语言对比和语言类型学研究提供有益的补充。

根据语料库的类型来看，基于语料库的跨语言对比研究可以分为基于类比语料库和基于具备翻译关系的平行语料库两种类型。近些年，也有部分研究将这两种语料库相结合，对语言接触因素进行多方位的语言对比研究。跨语言对比导向的语言接触研究主要关注以下几个层面：词汇语法层面、衔接层面、语体层面以及语法隐喻层面等。下文将主要根据语料库的类型对跨语言对比导向的语言接触研究进行分析。

基于平行语料库的语言对比研究一般是指基于双语语料库以及多语语料库的研究，包括口语语料库和笔语语料库两种类型。其研究出发点在于，从一种语言到另一种语言的翻译文本在表达使用上可以反映出从一种语言向另一种语言的转变。此类研究一般使用小型平行语料库，主要通过两种语言对比的方式考察语言接触因素在其中的影响和机制，翻译的作用则较少提及。但此类研究目前开展得较少。在为数不多的已有研究中，较具代表性的如Wei *et al.*(2016)通过建设梵语和汉语的平行语料库考察了梵语对汉语的影响。Livne-Kafri(2014)通过构建基于科普特语（Coptic）和阿拉伯语（Arabic）的双语平行语料库考察了在这两种语言之间存在的语言接触现象。其研究所建设的双语语料库主要涉及圣经的宗教文本，考察的语言点为重言不定式（tautological infinitive）。研究首先考察并确定了动词＋内置宾语的形式在古典阿拉伯语中所占据的主导地位，其次列举了前置和文体改变的案例以及一则使用介词短语的转换案例。研究结果表明，在重言不定式的频率上翻译文本呈现出与源语科普特语相平行的特征，这凸显了语言接触在其中的作用和影响。

然而，基于平行语料库的研究略显单薄，其缺陷在于翻译文本不能代替目标语语言的文本。这种考察只能管窥翻译文本中的对等词汇或者语法表达的使用，但翻译文本和原生文本之间的界限不清。此类研究深化了语言考察，但依然缺乏对平行语料库的有效使用，缺乏对翻译作用于语言发展变化机制的进一步探讨。

基于平行语料库的多语言对比研究则是通过建设多语种平行语料库，从语言类型学的范畴出发考察语言之间的共性以及语言谱系与语言接触因素在语言的发展中所起的作用。

较具代表性的研究如 Levshina（2015）通过考察印欧语言和乌拉尔语系多种语言之间的转换情况，以分析型因果关系词（alalytic clauses）为重点，探讨了语言接触对语义层面的影响。该项研究通过构建多个语种的类型学平行语料库（A Parallel Corpus for Typology，简称ParTy），运用语义地图的方法，探究语言接触因素如何分割语义地图，以期探究不同语言之间的共性。研究所采用的多语语料库设计模式可以降低源语语言本身的影响。语料库库容大概为67万词，所收集语料主要是来自1997—2009年间的七部电影字幕文本，每一部电影都配有18种语言的字幕。这些语料文本均已转换成为xml格式，并实现了句级对齐，标注了电影字幕文本在屏幕上出现和消失的时间。该项研究在平行语料库的建设过程中主要使用了Subalign软件[1]（Tiedemann 2012）实现了多个语种文本之间的句级对齐。

研究的主要步骤为：（1）通过概率语义地图的方法（probability semantic map）对这18种语言的型次比进行聚类（lumper）和分离（splitter）；（2）使用多维分析探讨哪些语言在因果关系词的"分工"上具备相似性，以此判断语言之间的聚合是由于"谱系"因素，还是语言接触因素。该项研究所建立的假说基础为"所有欧洲语言具备普遍的共性"。所有研究均以电影字幕的语料为基础。电影字幕语料作为一种非正式语料，可以作为圣经、小说、法律文件、欧洲议会文件等体裁平行语料库的有益补充。

---

1 该软件是由OPUS语料库平台提供的一款平行对齐软件。该语料库平台的网址为https://opus.nlpl.eu/（2022年5月9日），支持多种语言对进行在线对齐。

　　研究伊始，作者从形式和功能层面界定了分析型的因果关系词。从功能上看，分析型因果关系词主要是指引起因果关系的事物或者状态以及参与者。其中，最为关键的是原因物（causer）或者役事（causee）。从形式上看，分析型因果关系词主要包含两个动词和命题的结构。其中一个动词抽象代表原因物，另外一个动词代表役事，如"X makes or has Y do Z."。

　　研究首先对分析型因果关系词在18种语言中的出现频次进行了相似程度的比较。研究发现，在日耳曼语系分支中，英语含有最多的分析型因果关系词。在标注环节中，作者对动词V1、原因物的指代性、及物或不及物、主动和被动等进行了人工和机器结合的半自动标注。

　　在统计环节，通过概率语义地图的量测，作者对不同语言的语言功能的此类结构进行了可视化的研究。语义地图分为四个象限，左象限表示letting的语义范围，右象限表示making的语义范围。其中，左上象限表示具有权威性的使役关系，左下象限表示不做任何借入的使役关系；右上象限表示较强的语义色彩，右下象限表示语气较弱的语义色彩。

　　随后，作者通过三个案例对其语义分布和运行机制进行了考察。第一个案例主要是考察罗曼语系（Romanic）的make引导的分析型因果关系词（如图3.1）；第二个案例考察日耳曼语系（Germanic）的let引导的分析型因果关系词（图3.2）；第三个案例比较斯拉夫语系的给予类动词的功能与德语中类似表达的相似度（图3.3）。研究结论为：第一个案例部分证实了以往研究中的法语、意大利语、西班牙语的语法化量级变化。意大利语的此类表达占据了英文中表示let语义的绝大部分，其语气增强的量级顺序为意大利语、法语、西班牙语、葡萄牙语、罗马尼亚语。这种量级排序从某种程度上证实了同一种谱系中不同语言的语法化变化次序。第二个案例部分支持了英语、荷兰语、德语的量级变化。根据图3.2所示，只有德语和荷兰语蔓延至了英文中表示较强语气的make的语义范围，其余语种多位于左下方，语气较弱。第三个案例因斯拉夫语与德语在所考察结构上相似度较高，证实了语言接触因素在语言发展中的作用。如图3.3所示，只有俄语完全占据了表示let的语义空间；捷克语和斯洛文尼亚语可以表达中等语气、给予信息等，如"让我知道"（let me know）。研究推测，由于这几种语言长期与德语有较强的语言接触，因此相应表述受到了语言接触因素的影响。

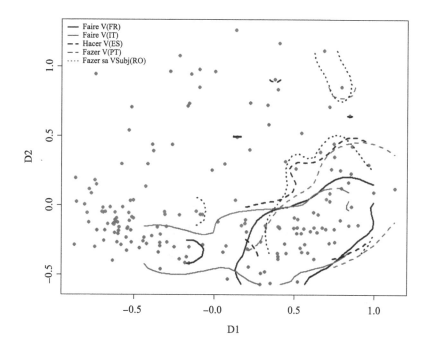

图 3.1　罗曼语系中与动词 make 共用的分析型因果关系词的语义分布图

（引自 Levshina 2015：506）

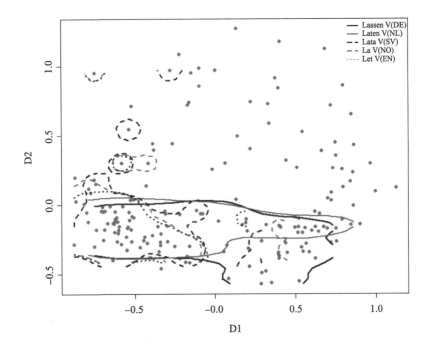

图 3.2　五种日耳曼语系语言中与 let 一词共用的因果关系词的语义分布图

（引自 Levshina 2015：508）

在研究最后有关谱系和语言接触因素的探讨中，研究发现某些语系具有谱系性（如图 3.4 所示），如斯拉夫语的分析型因果连接词语义空间明显汇聚成类，法语和意大利语都位于坐标的一端，很多日耳曼语言都位于坐标的上端。这些都可以来解释语言之间的谱系性，但却不能一概而论。还有一些不同于以上现象的语言现象，如在斯拉夫语系的聚类中，捷克语与德语的相似程度大于与其他同类语系语言。从以上语言的相似度来看，我们可以推测语言接触在其中起了很重要的作用。例如，古老的爱沙尼亚语多是由德国的牧师书写，并且与瑞典有持续的语言接触。

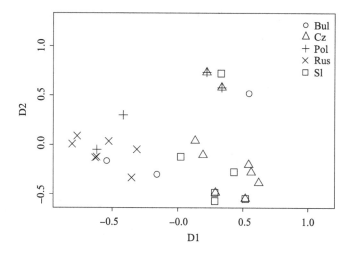

图 3.3　五种斯拉夫语系语言中与 give 一词共用的因果分析词（引自 Levshina 2015：509）

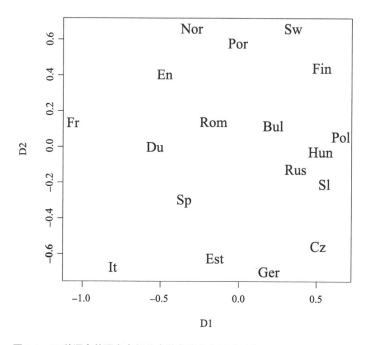

图 3.4　18 种语言的语义空间分布的多维分布图（引自 Levshina 2015：513）

　　总的来看，这项研究延续了博厄斯和萨丕尔（Boas-Sapir controversy）之争（Thomason & Kaufman 1988：5），即有关语言的相似性是来源于语言谱系还是语言接触的探讨。这也是语言接触研究领域的传统话题。该项研究的研究方法相比以前的个案研究有了较大的进步。

3.3　基于类比语料库的语言接触研究

　　基于类比语料库的语言对比分析包括口语语料库和笔语语料库的收集和加工。这种类比语料或是基于书面语和口语之间的比较，或是基于不同语言变体之间的比较，以此考察语言接触因素在其中的作用。

3.3.1　基于书面语和口语类比语料库的研究

　　基于书面语和口语的类比研究与传统的语言接触研究一脉相承，通常是收集接触变体的语言数据，在不同语言之间进行比较，并通过数据统计判断所考察的语言现象更加倾向于哪一种语言的使用规范。这类研究虽然有其进步性，但仍然囿于传统的语言接触研究框架。

　　例如，以法罗地区的丹麦语语言变体为例。Kühl（2011）创建了"汉堡法罗丹麦语语料库"（The Faroese Danish Corpus Hamburg，简称FADAC Hamburg），以考察多语制在法罗地区的变异，重点探究某一文本类型中的语言现象不一定在另外一种文本类型中呈现，以此考察语言接触在其中的效应。

　　FADAC Hamburg是由口语语料库和笔语语料库构成的类比语料库，涉及多个语体类型，也是目前该地区唯一的数字化语言变体语料库。首先，笔语语料为89篇学生作文（共计119,000词），收录于2007年，均出自商科学校16—17岁左右的法罗语青少年。法罗语为其第一语言，丹麦语为其第二语言。这些作文均是在考试场景下完成。选择考试作为考察的形式可以更好地考察压力、文本内容、标准及其规范等要素的参与和影响。收录的作文文本均通过文本编辑器进行处理，使用xml格式保存并进行了标注。每一个文件均进行了篇头标注。此外，口语语料库还收录了93个非正式访谈，分别来自三代人（分别是70岁以上、40—50岁、16—21岁），被访谈者按照性别和年龄分布均衡。所有被访谈者的第一语言均为法罗语，第二语言均为丹麦语，分别对其使用法罗语和丹麦语进行采访。访谈内容为预先准备好的问题，涉及学校、习惯、儿童游戏等。这些访谈以非正式的谈话方式进行，谈论内容包括在法罗地区和国外旅行、书和二战（和年龄最大的谈及）等。访谈地点为家里（前两代人）和学校（年轻一代）。之后对访谈内容进行了转写，转写后的语料法罗语为184,500词，丹麦语为140,500词，共计325,000词。

上述研究主要以虚拟语气作为考察对象，选取了if或whether引导的条件从句作为考察点，对这两个语料库中的呈现情况进行比较分析。首先，研究对丹麦语和法罗语这两种语言中if和whether的使用情况进行了分析。在丹麦语中，if通常用来引导条件从句，whether用来引导疑问句；在法罗语中，这两个词的使用要根据不同的语体类型进行区分。研究对这两个类比语料库中的if和whether引导的从句都进行了标注，并进行了统计分析。

研究结果显示，在书面语体的法罗丹麦语中，疑问命题的引导词遵从了标准丹麦语使用whether一词的习惯。然而，条件句的引导词中有一半并未遵从丹麦语的语言特征，相反是以whether作为引导词，与丹麦语使用if引导从句的习惯相悖。通过数据统计分析发现，书面语语料库中whether和if的使用频次分别为46.3%和53.7%，表明这种现象是一种普遍现象。

研究对类比语料库的口语语料库也进行了标注，以同样的方法进行质性和量化的考察。研究发现，在法罗丹麦语的非正式语体中，疑问命题的引导词遵循了if和whether二者之间的使用差异。据此，研究认为法罗丹麦语的正式语体过分同化了 whether 在条件句和疑问句中的使用。这也表明，法罗丹麦语的虚拟语气使用会受到语体类型的影响。研究认为，这种现象的成因有可能是因为 if 一词属于双语词汇（即相当于汉语中的欧化表达），不适宜用于正式语体。

研究还认为，建立接触变体的分析模型至关重要。这项研究使用语料库语言学的研究方法，通过创建两个不同语体类型的类比语料库进行对比分析，从而判断语言接触现象发生的可能性，强调了将不同种语体类型考虑在内探查语言接触现象研究的必要。这也是该项研究的最大价值所在。

3.3.2 基于语言变体的类比语料库研究

基于类比语料库的语言接触研究，即通过语言接触影响的语言变体与其本族语或外来语之间的比对以及多个变量的设置，考察语言接触影响语言变化的复杂性和影响机制。

Tamaredo（2017）对英式英语和印度英语这两种语言变体的句法复杂度进行了比较分析，并探析了语言接触在其中的作用。这项研究主要考察关系从句（relative clause）在英式英语和印度英语中呈现的特征，并结合语言接触理论，以数据可视化的形式进行了呈现。研究根据Keenan & Comrie（1977）提出的可及性等级（accessibility hierarchy）原则来考察两种语言变体的异同，并分析语言接触因素在语法层面所起的作用。根据Keenan & Comrie（1977）提出的名词短语可及性等级（noun phrase accessibility hierarchy，简称为NPAH），不同语言的简单句关系化过程遵循一条共性规律：就提取的中心词在关系从句中的位置而言，名词短语可及性等级为主语（subject）>直接宾语（direct object）>间接宾语（indirect object）>旁语（oblique），其中主语最容易提取，而旁语（表比较、领属等）最难提取。

该研究所考察的英式英语和印度英语的语料来源于ICE的两个子库，分别包含60万词的口语语料和40万词的书面语料，共同构成了类比语料库。前者代表英语本族语，后者为语言接触影响下的语言变体，具备考察价值。首先，研究对英语中关系代词的使用情况进行了归纳。在标准英语中，关系代词可以是显性或隐性的，前者诸如wh开头的词语，后者如that或者零引导词。印度英语的口语体在20世纪50年代与英式英语更为相近，更多地使用wh引导词。在对20世纪90年代的语料进行考察后发现，似乎其受英式英语的影响不大，受印地语影响反而较大。

在统计环节，该研究使用了分层结构频率分析法（hierarchical configural frequency analyses，简称HCFA）。这种统计方法为卡方检验的延续，可以对包含两个以上参数的统计做出更好的解释。该项研究使用了多个因素的统计方法，在对两种语言变体做类比语料库的基础上，进行了更为科学的数据统计和挖掘。

该项研究将参数设置分成了多个水平：变体类型、限定性、文本类型、关系位置、关系代词，并且对其对应的频次，以及期待频次、实际频次，期待频次和观察频次的比值，显著性等级以及p值等进行了统计。研究结果显示，高强度语言接触语言变体的印度英语呈现出相对于英式英语更为简单化的特点。由此，研究认为语言接触会使得语言呈现出简单化倾向。

3.4　基于复合语料库的语言接触研究

基于平行和类比语料库的语言对比研究是语言接触领域的一种新型考察方式。这种考察方式通常分为两个阶段：首先考察两种不同语言的词汇和语法特征，这一步通常通过构建类比语料库完成，以期考察这些语言特征对不同语言系统的预测程度；随后探究翻译文本和非翻译文本之间的异同，并从语言对比层面对齐进行诠释。整个研究设计都服务于语言对比研究的需要，为语言对比研究提供了一条新路径。该领域最早的研究首推

Teich（2003）。其研究旨在探索英德或者德英译文相关的问题，其研究方法和考察的模型推进了实证语言对比研究。

Teich（2003）与Doherty（1991, 1993, 1998）的研究一脉相承却又有所跨越，其研究主要以词汇和语法特征作为主要考察对象，特点在于将语言类型学、对比语言学和翻译研究纳入多语言研究的框架体系内，其主要初衷是推进跨语言的变异研究。该研究考察的主要研究问题为：（1）英语和德语在跨语言类比的不同语体上，即在相同情境下的文本功能上有何关联？（2）英语和德语在某一特定语体上有何关联？（3）翻译文本和同一种语言的非翻译文本有何关联，是否相同？总的来看，该研究主要目的是为跨语言的对比考察探索适用的研究方法。翻译文本及其相关研究旨在提高语言对比研究的客观性和精确度，因此最终隶属于跨语言对比这一类别。这三个领域的研究目的和研究性质具备相通性，即都是在对比语言系统。此处的翻译研究主要是指以语言学为导向的翻译研究。

该研究首先依据系统功能语法框架对比考察了英语和德语中的小句、及物性、语态、情态、主谓结构以及旧信息和新信息。语料库的构建主要涉及英语源语、德语源语、英语翻译、德语翻译等四类文本，每一个子语料库库容1万词，来自10个不同的语体。研究首先通过类比语料库考察了英语和德语在以上所述语言项，如小句、及物性、语态、主谓述谓、语法隐喻等维度上的异同；随后，通过平行语料库比较英语源语、德语译文、德语源语以及英语译文在以上的语言项考察中是否具备显著性差异。在平行语料库的考察环节，研究进行了英德和德英的双向考察。该研究的特色在于，对发生源语透过性和规范性等特征的语言项进行了不同分类的阐述，主要包括：（1）英德和德英方向的互补效应；（2）英德和德英方向相同的效应；（3）英德或德英的单向效应。

研究的结论为：翻译文本不同于同一种语言的非翻译文本是因为源语的透过性效应以及翻译文本的规范化，即翻译文本更加倾向使用目标语语言的特征。与此同时，也存在一些并未受到这两种因素影响的现象。例如，如果英语和德语在某些语言现象上并不存在显著差异，但在翻译文本中仍然出现与目标语语言的显著不同，则很可能是由于显化等其他特征影响所致。系统的英德跨语言变异可以为这种透过性效应和规范化提供终极解释，即当目标语语法系统中有更多的语言选择时，源语透过性便可以发生；当目标语语言系统中存在较少的语言选择，则会使用其他补偿的方式；如果相同的补偿方法经常被使用，则会发生规范化的现象。

此外，类似的研究还有 Choi（2012）和 Steiner（2008，2012，2015）等。前者创建了英韩平行语料库以及韩语翻译和韩语原创的类比语料库的复合考察模式来探析英语对韩语新闻的影响，后者则通过构建英德平行语料库和类比语料库进行多个层面的比较分析，重点探究显化特征。

Steiner（2008）主要是通过多种功能和基于语言特征的考察方式对语言接触和多语制现象进行考察，试图回答语言变化的方向性和使用频次如何影响语言信息解码，如显化、信息密度（density）和语篇的直接性（directness of discourses）。该研究选取显化作为考察对象，原因在于可以打破先前对一种语言变体是本族语还是非本族语"二元对立"的简单性判断。显化现象的渐变性能够更好地对翻译这种语言接触变体特征做出较为客观的判断。

语言指标的选择主要基于语言表层特征，如词汇密度、型次比统计、词汇类别分布。在语料库的建设上，该项研究设计的语料库可以在如下方面进行对比分析：

（1）对比分析1（参照语料库和跨语体的比较）：主要是指英语参照库和德语参照库的比较，各包含34,000词（共计17种语体，每一种2,000词）。该项对比可以勾勒出英语和德语不同文本类型的文本特征。

（2）对比分析2（语体对比）：旨在对比散文、小说、说明文、科普文、给股东的信、旅游文本、网络文本等不同的文本类型对语言表征的影响，分别指英语源语（EO）、德语原创（GO）以及英语翻译（Etrans）和德语翻译(Gtrans)。每个语体的子语料库包含31,250词,至少10个文本。每个子库25万词。

(3)对比分析3(同一种语言的翻译文本和原创文即非翻译文本的对比):即英语源语和英语翻译,以及德语源语和德语翻译,可以勾勒出每一类语言的文本特征,也可以比较其不同的语体特征。

(4)对比分析4(不同语言的源语文本和翻译文本的对比):即英语源语文本和德语翻译文本,以及德语源语文本和英语翻译文本的双向对比,也就是具有翻译关系的平行语料库的对比。

研究进一步提出了考察所使用的参数:显性所指之于隐性所指所占的比例;部分或者完全词汇短语;每一个切分语篇中新引进的语篇所指;衔接省略和替代的数量词汇链的强度,如实词和虚词的比率以及型次比;词汇链的强度(内部衔接度),如每个词汇链包含的词项个数;显性连接关系和隐性连接关系的比率。

通过对比分析1,即英语和德语参照语料库在词汇密度这个因变量上的比较,研究发现参照语料库的词汇密度数值较之Biber *et al.*(1999)的词汇密度要略高。在型次比上,英语和德语参照库中的两个语料库分别为15.64和21.71,差异较大。在词类分布上,相对于英语,德语的名词较之动词使用较多,尤其以代词为例,德语语料中的比例为8.45,而英语只有5.46。其中,德语中名词的高使用率由于可以视为论证程度较高,从这一点而言可以视为是显化的一种。这里的显化是指语内显化,因不涉及翻译语料库,故不涉及语外显化。在型次比统计中,德语参照语料库的高频次表明德语语篇中词汇衔接较强。

通过对比分析2,即三类文本中的语体对比数据显示,词汇密度与语言类型相关,但与语体类型关系更大。在词汇密度这个因变量上,德语的各类语体均显示出大于英语的趋势,即德语的语篇显性程度更高。

在语体的比较上,小说类词汇密度最低,旅游文本词汇密度最高。语言内部的词汇密度变化大于跨语言的词汇密度,但这种观点还需要进一步的验证。在型次比上，德语语体内的差异值为9.88，明显大于英语语体的差异值。两种语言中的极端值分别为英语说明类文本的低值和小说文本的高值，以及德语说明类文本的低值和旅游文本的高值。在词汇分布上，英语和德语在名词分类上的体现较为一致，但如果我们关注不同语体中的名词分类，就会发现英语的名词类别要比德语的名词类别多。

通过对比分析3，即两种语言中翻译文本和原创文本即非翻译文本的对比，可以看到，英语原创文本的词汇密度要大于翻译文本（56.03:54.85）。这种词汇密度的增加有两种解释：其一，英语原创文本的词汇具体程度较强；其二，英语翻译文本的衔接程度较强，如大量使用连接词和代词。此外，文本类型的不同会影响词汇密度的程度。德语也显示出同样的趋势，即翻译文本中的词汇密度低于德语源语文本，但在具体的文本类型上与英语中的数据呈现有所不同。由此可以推断的是，来自源语的干扰在此并没有发挥作用。

在型次比的比较上，在个别文体上可以检测到源语的透过性效应。在词类分布上，就英语而言，原创英语文本的名词使用频次要高于翻译英语文本。动词亦然。在翻译文本中，形容词、副词、同位语等词类的数量较高。在这个指标上，我们可以推测在显化的测量上，实体或者事物的修饰性增强，并且逻辑显化和名词修饰的程度增强，而在德语语篇中，翻译文本中的动词则高于原创文本。

整体而言，无论是英语还是德语，其翻译文本均呈现出密度低、词汇丰富度低、部分文本动词使用高于原创文本、逻辑显化、名词修饰语增多等特征。

通过对比分析4，即平行文本对比的数据显示，英语源语文本的词汇密度高于德语翻译文本，但在小说和科普读物的词汇密度上，德语翻译文本要高于英语源语文本。这也是文本类型特殊的体现。同样，德语源语文本的词汇密度也大于英语翻译文本。

在这项研究中，显化、直接性和密度被作为关联性提及。该项研究的可贵之处在于诠释了变化的有向性（directionality of change）和使用频次（frequency of usage）如何影响语言接触和语言变化，以及其语言变化的关系。研究虽然没有进行实证解析，但为以后的进一步研究的开展提供了方向。

该研究重点对变化的有向性和使用频次进行了解析。变化的有向性与语言变化的多种功能和多种维度探讨有着紧密的联系。该项研究的主要目的是要探讨多语现象和翻译对语言变化会发生怎样的作用。之所以选择显化作为考察对象，是因为这是翻译或者多语现象的重要表现形式。此外，频次被作为衡量的主要手段，表明无论是语义元素的销蚀还是语言功能的变化都以频次的改变作为标志，这也是语言变化的主要驱动力。对这种有向性和频次使用的衡量，也可以使我们从实证的角度对先前研究中提到的语内驱动力和语外驱动力进行有力的考察。

该项研究的最大亮点在于对语料库的有效使用，即能够通过四类多重比较对翻译文本中的特征进行全景式观测。不足之处在于，研究在这个阶段尚未对显化与语言变化进行相关数据的历时统计。

以上为跨语言对比导向的语言接触研究在国际学界的研究情况。我国在该领域的研究起步较早，如北京外国语大学研制的中国英汉平行语料库。王克非、刘鼎甲（2018）通过构建超大型英汉平行语料库对英汉翻译中的被字句进行了考察。庞双子（2018）通过英汉历时平行语料库结合语义透明度和符号简单化原则对英汉翻译中it的显化和隐化现象进行了历时分析，认为英语it的语义搭配模式对汉语译本的历时变化发生效应。郭鸿杰、周芹芹（2019）使用英汉科普平行语料库考察汉语翻译文本"被"字句的语义韵特征以及在两种译本中的共性和差异，认为被字句语义限制的消解既是欧化使然，又与受事人称的演变有关。

3.5 小结

　　本章主要根据语料库的类型对跨语言对比导向的语言接触研究进行了分类考察，包括基于平行语料库、类比语料库，以及平行和类比语料库的复合考察。跨语言对比导向的语言接触研究考察的对象往往是语言系统的比较研究，或者是一种语言以上的文本研究。跨语言对比研究的动因在于探索语言共性，或对跨语言比较进行描写性研究，旨在考察语言之间在某些词汇或者语法层面的异同。跨语言对比导向的语言接触研究往往与多语制研究相互关联，旨在探究语言共性，或探究语言接触因素对语言造成的影响。基于平行语料库的跨语言对比研究包括双语和多语的比较研究；基于类比语料库的跨语言对比研究包括书面语与口语的比较研究，以及语言变体的类比研究。基于平行语料库和类比语料库的复合型跨语言接触研究是一种新型考察方式，也是对以往研究范式的推进。这种囊括了语言对比、语言类型学和翻译学在内的新模型可以更为全面地解析语言的发展和变化，能更好地推进和细化语言对比研究，尤其是跨语言变异研究。

第四章 翻译和语言接触研究：文本分析

4.1 引言

上一章主要介绍了跨语言对比导向的语言接触研究。本章和第五章将从文本分析和实证研究两个视角进一步考察翻译导向的语言接触研究，并作一阐述。语料库翻译研究最初便与文本分析结缘。Baker（1993）提出，翻译文本与非翻译文本的量化考察可以通过考证翻译文本中的规律性特征实现。由于测量手段有限，翻译和语言接触研究长期受到忽略。语料库翻译研究的兴起弥补了测量手段的有限，打破了以往语言接触研究局限于口语语料的束缚。文本分析推进了书面语言接触研究的进展，取得了一系列较为显著的成果。近些年来，随着对语料库核心概念的考察，部分翻译语言特征逐步与语言接触研究融合，呈现出了多样性的考察，使我们能够透过翻译文本这个万花筒，从崭新的视角去洞察翻译和语言发展运行的些许规律和背后的机制。本章主要从文本分析的角度探讨翻译和语言接触的研究，并从翻译文本类型、翻译文本特征和语言接触研究的结合展开论述。

4.2 翻译文本类型和语言接触的结合

此前，学界正在探讨的话题包括翻译所隶属的语言情境、运行机制及与其他语言接触情境的异同（Kolehmainen 2013；Kranich, Becher & Höder 2011；McLaughlin 2011；Ožbot 2014；Riionheimo *et al.* 2014）。

就翻译情境而言，翻译导向的语言接触研究可以分为文学翻译文本和非文学翻译文本等两类研究。文学翻译是语言接触的重要发生场所，Kühl（2011：184）认为语言接触的情境会使得新的文学标准和书面语体出现。非文学翻译则涉及科普、金融、商务等各类实用型文本，是英语作为通用语的交流媒介。该领域的研究主要以非文学翻译较多。

4.2.1 基于文学翻译文本的语言接触研究

文学语言在任何一个社会都隶属主流语言，因此对文学翻译接触情境的考察也尤为重要。追本溯源，文学翻译接触与世界文学的发展有着一定的关联，既包括"引入"，也包括"输出"。Bassnett（2018：51）认为文学翻译中存在着两种力量，一种是暗喻的力量（metaphorical force），一种是传播的力量（disseminating force）。前者可以使两种文化力量交融，实现语言之间的合作；后者可以为翻译后的文本打开门径，在新的历史情境中完成翻译和阐释。一方面，翻译在语言领域内有其作为，另一方面，翻译也是文学"未完成"（unfinished）基因的终结者。

Pound（1968：232）亦指出，伟大的文学时代或许也称得上是伟大的翻译时代。Pratt（2011：278）提到，在全球化的语言景观中，新的语言分布正在形成。翻译逐渐将跨语言和跨国度的产出融入翻译产品中，翻译仿佛已然不只是一种流通和消费方式，而是一种独立的创作（Bassnett 2018：37）。可见，翻译具有表述的力量并且可以使得文学具有流动性（同上：50）。文学翻译的这种特质会影响到文学语言在新的语言情境下的生成和表达。

翻译和德国文学的发展就是一个很好的例子。从18世纪初叶到第一次世界大战将近两个世纪的时间，德语一直作为中欧的通用语，多语现象的城市化和历史环境使得德语翻译语言呈现出多元化的特点。以二战以来影响最大的德语诗人保罗·策兰（Paul Celan）为例，他的创作中便蕴含着翻译的特质，融入了创新的模式，由此产生了陌生化的效果。再如，20世纪的德国女诗人罗莎·奥斯兰德（Rose Ausländer）在青年时期曾经游历多个国家，并用英文写作多年，这种多语的背景使得其英文作品同样呈现出翻译的美学特质。根据Simon（2018：99）的描述，由于受到美国现代主义的接触以及其所阅读的现代主义诗歌的双重影响，她在处理一些正式表述上产生了变化。这种文学语言流动的内在基因正是翻译作用于文学语言的动因之一。

Kolehmainen & Riionheimo（2016）重点探讨文学翻译接触情境的研究优势。文学翻译情境不同于或者优于其他翻译情境，体现在文学翻译的译者往往有双语或者多语的背景，具有较好的双语能力，接受过专门的翻译训练。文学翻译涉及译者与编辑的合作等因素，因而是一个包含不止一个个体的社会行为（2016：5），而以往语言接触情境中的研究对象多是没有受过职业训练的口语者或多语人士。

在文学翻译接触情境的研究中，Kolehmainen & Riionheimo（2016）是较为前沿且具代表性的研究。作者通过调查芬兰语译文和非译文的被动语态使用频次和搭配情况，考察了文学翻译对非翻译文本的影响。这项研究的独特之处在于其研究方法的创新，作者收集了来自两种源语的芬兰语文学翻译文本以及芬兰语文学原创文本，并将这种书面语语言的语料与口语语料的收集进行平行比较。该研究从共时和历时两个角度比较了1980年至2000年间的语料。结果显示，在部分语言特征上，芬兰语的翻译文本与爱沙尼亚源语文本更为接近，且芬兰语中言语包含的第一人称使用频次较低，与从德语翻译而来的翻译文本一致。作者进而对影响语言接触的因素做了阐释。

4.2.2 基于非文学翻译文本的语言接触研究

当前，国际学界的研究大部分集中在非文学翻译接触情境，如商务文本、科技文本、金融类文本等，因其语料收录方便快捷且受到作为通用语的英语语言的影响较多。这其中，研究最多的语言情境为科技文本。英语作为通用语对科技类文本的影响较大，也是比较好量测的指标。其中，较为典型的研究如 House（2011a）、Kranich Becher, Höder & House（2011）对翻译作为语言接触的触发作用均考察的是科技文本等类型的语言接触情境。Martínez-Gibson（2016）比较了美国两家西班牙语的新闻报刊，对比了英语对西班牙语在不同语言层面的影响，也对比了英语对西班牙语在文章和广告这两种不同文本类型中的影响。研究发现，文章类文本在句法层面上的变化多于广告类文本，原因在于广告类文本简短、句型变化较少。

在非文学翻译接触情境的研究中，较具代表性的是 Kranich, House & Becher（2012）。这部文献考察了德语的科普文本。研究结果显示德语翻译文本的作用较小。由于这项研究考察的英语科普文本的典型特征并未流入到德语类比的原创文本，证明翻译文本的潜在复制能力要高于非翻译文本。尽管德语原创文本并未显示出与英语源语相同的发展变化，但却是科普类文本的作者与英语原作接触的真实写照。Bisiada（2013）建立了库容百万词的语料库以考察英语对德语的影响，发现德语在从形合走向意合，研究还对语言接触中语言内部不可忽视的力量进行了阐述。House（2016）对英语和其他多个语种的文本进行了比较，认为科技类翻译文本呈现显化倾向，经济类文本则不然。

近些年，围绕翻译语言接触情境进行的研究在逐渐发展。多项研究表明，不同的语言接触情境会使得语言变化出现相同的变化趋势（Kranich, Becher & Höder 2011；Lanstyak &Heltai 2012）。但此领域的研究仍然存在一些不足，如缺少围绕多种语言情境的考察、多语言对的参与、多方验证的考察（语料库和实验数据），以及文学接触情境和非文学接触情境的比较和结合等展开的研究。

4.3　翻译文本特征和语言接触的结合

本节主要介绍翻译和语言接触研究中较具特色的一个分支，即翻译文本特征研究和语言接触研究的结合。这个分支衍生于语料库翻译学和历史语言学的融合，其发展大致可分为早期翻译探讨中的语言接触认识和近期的语料库翻译研究中的语言接触研究这两个阶段。

4.3.1　早期翻译探讨中的语言接触认识

从翻译文本特征认识到语言接触问题，可以追溯至学界早期对翻译的思考。例如，对翻译中归化（domesticating）和异化（foreignization）的两极化探讨（Neumann 2011：236）已涉及译本由于接触而产生的介入（干扰）现象（interference）。在翻译研究领域，长期以来，学界对翻译语言的特征大致秉持两种观点，一种认为译作应该读起来像翻译，另一种认为译作读起来不应该像翻译。

就前一种观点而言，Schleiermacher（1813/2012：49）提出："译者尽可能让作者安居不动，而引导读者去接近作者；或者让读者安居不动，而引导作者去接近读者"。Schleiermacher本人支持异化观点，即认为翻译中应该容纳一些异域元素，在提及翻译的策略时曾这样论述："有边界性的语言可以拓宽疆域……使得外国读者可以通过模仿或者翻译外国作品而接触外国著作，但这种翻译一定是容纳了很多的偏离（deviation）和创新（innovation）……"（Schleiermacher 1813/2012：54）。就后一种观点而言，Shapiro认为，翻译应该像玻璃体一样透明，其本身不该引起读者的注意（引自Venuti 1995：1）。

20世纪60年代，Walter（1968：79）在《译者的任务》（"The task of the translator"）中也曾这样比喻文学翻译中的语言："真正的翻译是透明的，不会遮挡也不会阻拦原文的光芒，而是让纯粹的语言，借助媒介的传播和固化，释放原作光芒。这可以通过对句子的直译获得，即较之句子应当优先考虑词汇"。这也表明，文学翻译的译本中会出现一些因直译而进入翻译语言的元素，这种元素实际上就是翻译文本特征中的"源语透过性"效应所致。

Venuti（1995）后来将其命名为"归化"和"异化"。从此，学界对这二者的探讨从未停止。关于异化和归化的探讨，实质上也是关于干扰现象最初的探讨，即翻译文本是否应该将文本的透明度（transparency），即语言的流利和通畅作为首要标准；抑或是保留文本中的异质元素，并且异质元素的保留要与当时的历史阶段和需求相吻合。

4.3.2 语料库翻译研究中的语言接触研究

20世纪90年代末期，Baker（1993，1996）在前人研究的基础上进行了归纳汇总，提出了一系列翻译文本的特征。由此，翻译研究的重点由源语文本转向译语文本，由先前的规定性研究转变为描写性研究。译语文本开始被赋予较为独立的身份，不再仅依赖于源语而存在。开启这个时期的标志是Baker（1993）的《语料库语言学与翻译研究：启示及应用》（"Corpus linguistics and translation studies: Implications and applications"）一文。不仅平行语料库，类比语料库的大规模实证研究也为显化假说研究带来清新的空气，并涉及多种语言对，从而开启翻译共性研究（庞双子、胡开宝 2018）。在这个时期，对翻译文本的特征进行验证或者证伪成为研究的主流。

在研究初期，语料库翻译研究围绕三个主要问题展开，即翻译共性、翻译的多样性（如译者的风格）以及翻译与语言发展的关系。其中翻译与语言发展的关系主要是考察透过翻译的语言接触在语言发展中的作用，也是该领域历时研究的代表。对语料库的实证研究可以为这个主题的研究提供科学和可靠的数据，因而成为该领域发展的动力。语言接触研究在这个阶段主要是用来考察翻译对于非翻译文本的影响。

然而，随着基于语料库的翻译文本特征研究的开展，其内在的问题也逐渐浮现，如类比语料库的使用忽略了对源语透过性的考察，而翻译文本中出现的特征有多少是由源语透过性导致也不得而知。此外，这些特征之间也存在一些矛盾，如简单化和显化特征之间的矛盾等。其中，最为关键的问题在于，翻译共性的提出低估了翻译文本的复杂性。在第三语码逐渐走向复杂化和进一步拓展的阶段，语言接触因素也参与其中。

翻译文本特征和历史语言学研究的结合点在于翻译文本自身所具备的语言特征可以作为翻译文本辨识度的主要指标。考察这些指标的变化对目标语语言的影响，可以衡量翻译文本对目标语语言文本书面语语言所产生的影响。Kranich（2014：96）认为，如果翻译文本中反复出现的特征可以进入单语文本，透过翻译的语言接触就会使得目标语语言发生变化。

翻译文本特征和语言接触研究的结合主要有两个研究目标，一是考察翻译和语言发展的关系，研究点主要集中在规范化、源语透过性、显化，以及翻译规范等方面；二是探讨翻译文本特征的成因，通过比较语言接触变体和其他语言变体，分析影响翻译文本特征的多种因素。

4.4 翻译文本特征的语言接触研究分析维度

本节将围绕翻译文本特征和语言接触研究的结合点进行具体阐述，主要涉及源语透过性、翻译的显化特征、翻译文本的调节性、翻译中的呈现不足以及翻译语言接触变体等。这四者的界限不是绝对的，有部分相通之处。

4.4.1 源语透过性

在翻译文本特征和语言接触领域结合的研究中，源语透过性是其中一项涵盖最广的研究内容。Toury（1995）较早就在翻译领域提出了"干扰"这个概念，并将其分为积极干扰（positive interference）和消极干扰（negative interference），认为翻译文本具有源语透过性倾向。与此相仿，Taylor（2008）将翻译效应（translation effect）分为直接翻译效应和间接翻译效应，前者与源语透过性类似，后者则涉及翻译中的改编（adaptation）和创新。

源语透过性与语言接触的结合点在于对语言发展内在运行机制的解读，但目前还缺乏较为深入的探讨，涉及的相关理论包括语码复制（code-copying）、句法启动（syntactic priming）等。句法启动源于心理语言学，指如果新近使用过一个词，其随后被使用的概率则会显著增高。在翻译和语言接触研究中，源语透过性的考察主要涉及词类、词形、句法等层面。例如，Rottet（2017）对比了英语小说的两种语言译本，主要研究的是译本中运动事件的表达方式。Arnold（2021）对拉地诺-西班牙语的语言接触以及相关宗教文本在词汇、词形和句法层面的翻译进行了考察，其中就涉及翻译文本中的源语透过性考察。

Becher（2009：2）亦认为，源语透过性会促使目标语语言发生变化，尤其是将翻译文本当作范本模型时，目标语的原创作者会将其应用到写作之中。Becher（2009）考察了英德翻译文本中的连接词damit（but）在1978—1982年和1999—2002年这两个时期的使用情况，发现翻译文本中该连接词在这两个时期的使用频次都有所降低，但在原创德语文本中则呈现增高的趋势。作者进一步结合德语交际规范和英语语言的变化趋势进行了分析。研究还发现，透过性可以分为两个层面，即源语透过性和译语透过性。这两种透过性犹如光谱的折射，可对由于语言接触而发生的目标语语言变化进行有效的验证。

4.4.2　翻译显化特征

显化现象，即语篇衔接成分明晰化，是翻译文本语言的重要特征。显化现象对不同语言的信息功能以及交际功能的对比研究有着重要的价值，是区分语言类型的主要标志（庞双子、胡开宝 2018：62）。从语言类型学的角度而言，显化特征是语言类型学的主要标志之一；从翻译文本特征而言，显化现象是其核心概念，也是翻译文本的重要表现特征。

翻译显化特征和语言接触研究的结合多是进行衔接层面的研究。例如，Bisiada（2013）创建了一个历时语料库，通过对比商务类型的文本在两个阶段的历时变化，对德语翻译文本和非翻译文本中的转折连接词做了考察。研究表明，在德语翻译文本中，形合结构的使用较少，而在非翻译文本中，形合结构的使用呈增加的态势，但在句首连接词的使用上则并非如此。这是一则透过翻译的语言接触的典型案例。此外，被动语态也是语言形式化的一种重要体现，因此对被动语态的考察也与显化的考察相关。Malamatidou（2016）认为翻译是语言接触的一个重要发生域，并通过报道动词（reporting verbs）的被动语态对翻译文本对原生文本的影响进行了分析。

此外，关于显化的语言接触考察，Kranich, Becher, Höder & House（2011）也曾提出相关假设，即翻译文本中既然具有显化特征，那么这种特征势必会影响目标语言，使其更加显化或者隐化。Pang & Wang（2020）通过构建历时复合语料库对20世纪100年间三个时期中文翻译文学文本的连接词历时变化进行考察分析，认为在某些时期翻译文本中的显化特征会在语言接触的推动下会融入目标语。

翻译中的显化现象引发的语言变化同样还表现为对交际规范的影响，如拉丁语对德语的语言规范影响。这与翻译中的显化现象多有重叠之处。其原因在于，德语的交际规范通常倾向于显化，而拉丁语的语言规范则偏向于隐化。

4.4.3 翻译文本调节性特征（mediation effect）

4.4.1小节提到了间接翻译效应，即对源语进行改编或者创新。当前多项研究表明，这一类翻译效应也会使目标语言发生变化。间接翻译效应与本小节即将介绍的翻译文本调节性特征意思相通。翻译调节性特征是指翻译是一种受限制的语言，其与语言接触的结合之处在于，这种经过翻译调节后的表述会逐渐融入目标语言的发展。

翻译是语码复制的典型场域。由于语码复制可以在翻译场域里发生，同时由于翻译的流通性质，翻译可以影响到语言的发展。Malamatidou（2017a）认为，如果翻译是语言接触发生的场域，那么伴随着翻译文本的流通传播，新的语言特点就会被引介进来，如伴随物质复制、语义复制、组合复制和频率复制而来的特性。例如，通过语义复制产生的词汇可以通过物质复制或者组合复制改编而来。Kenny（1998）认为，翻译可以产生新的文本类型，尤其是在早期传入的时候，随着语言的发展，阅读大众会逐渐习惯新引介的表述。

近些年，该类研究在国内外逐渐出现。如Malamatidou（2017a）考察英语译入俄语的语言接触，主要是通过小说《发条橙》（*A Clockwork Orange*）中的词汇创新呈现的翻译文本调节性（即创新性）对目标语言的影响进行了实证考察和理论阐释。Malamatidou（2017b）还将改编（adaptation）应用到翻译与语言接触研究领域，探讨为何翻译引起的语言变化有时不容易被察觉。"改编"虽然是接触语言学领域的一个重要概念，但在翻译领域较少应用。该项研究使用平行语料库和类比语料库相结合的方式，利用TROY对英语和希腊语之间进行了对比考察。虽然考察点也是报道动词的被动语态使用，但该项研究的落脚点为语言接触中的"改编"。研究认为，语言接触领域的改编与翻译领域的"转换"（shift）概念极为相近，并在语言接触理论的框架内做了融入翻译因素的考察。

此外，近些年，在英汉语言方面，Juan（2020）探讨了佛经翻译引起的语言接触中的创新现象，并从词汇和句法层面探讨了翻译引起的语言变化的六种机制。Wei & Qiu（2016）也通过建设汉语与梵语的平行语料库，证实了佛经翻译中的创新对汉语语言发展的影响。

4.4.4 翻译文本呈现不足（under-present）

翻译文本呈现不足（under-present）也初步与语言接触研究相结合。翻译呈现不足，又称独特性假说，是指翻译文本中会减少使用源语和目标语原生文本中频次较低的词项和表达。该假说由Tirkkonen-Condit（2004）首次提出。"独特项"通常是指源语和目标语翻译语言之间呈现的非对称性，往往是翻译文本中的词项在源语中很难找到对应项的表达，可能是词形上的，也可能是词汇上的或者句法上的。对此，Tirkkonen-Condit（2004）认为这是由于缺乏诱发因素，因此在源语中并不常使用。由于缺乏这种诱发因素，这种独特性词项也就必然很难进入译者的大脑。

在语言接触领域，Kujamäki（2004）和Denver（2009）也对此类现象做过考察，称其为"语际减弱"。翻译文本中的呈现不足与语言接触研究的结合点在于，在语言接触领域跨语言的转移不单单发生在翻译文本较为显著的特征上，也会发生在较为隐性的特征上，如某些词性使用频次的降低，或者某些源语和目标语都较少使用的词项的消失（Kolehmainen *et al.* 2014：15）。这种现象在语言接触领域有很多不同的表述，如消极借用（negative borrowing）（Sasse 1992；Dorian 2006）、隐性干扰（covert interference）（Mougeon & Beniak 1991；King 2000；De Smit 2006）、间接转移（indirect transfer）（Silva-Corvalán 1994）、聚合（convergence）（Romaine 1995；Klintborg 2001）等。目前，部分研究表明，这种跨语言的减弱可能使得目标语语言同样发生减弱。另有研究证明，这种减弱并非真实的减弱，因为会有其他形式的语言表述作为补偿进行替换。Kolehmainen（2014）对翻译文本的独特性和二语习得中的语际减弱做了对比，认为语言激活点假说影响其是否在目标语中留存。但该类语言特征与语言接触的结合尚待更为确凿的语料数据支撑，在该领域研究中较具潜在空间。

4.4.5 翻译语言接触变体的研究

21世纪以来，对翻译共性的论证有了新的转向，其标志是Becher

（2011）认为"翻译固有特征"（translation-inherent features）是神秘的，并不存在。此后，Kruger（2012）提出，翻译文本特征是作为一种调节性的因素在起作用，包括编辑的介入，而并非源于双语者的加工（Kruger 2012；Bisiada 2018；Kruger & Van Rooy 2016；Ivaska & Bernardini 2020）。其中，Kruger & Van Rooy（2016）进一步采用多维度的考察方式，揭示了东非地区翻译文本作为语言接触变体和非翻译文本中的部分语言特征较为相似。

将翻译文本视作语言接触变体的考察有效地拓展了第三语码的研究，有利于我们更为广泛地考察影响翻译文本特征的因素。De Sutter & Kruger（2018）通过多元统计方法探讨了翻译文本中句式显化的成因。其结论是，语言接触变体与非语言接触变体并未呈现出完全的不同。该项研究展示了语料库翻译学如何从相邻学科汲取养分，获得观念上和研究方法上的拓展。Kajzer-Wietrzny（2021）通过比较受限和非受限语言的不同特征，考察口语体和书写体的衔接，比较调节性的文本（如阐述和翻译文本）以及非本族文本等。结论表明，非本族语和调节性文本确实与本族语文本在衔接成分的使用上呈现出相反的趋势。

不同语言变体和语言接触契合的另一个方式便是心理认知层面的探讨。这两者的结合之处在于所有的语言创新（不仅是词汇变化）均会首先由多语者引入；成功的话，会在当下流行，经过一段时间的发展就与目标语融合了，只有语言学家可以探索出其外来的源头（Verschik 2018：54）。

此外，该领域研究不仅涉及语言表层特征，也涉及语义、暗喻和概念层面的探讨，分析言者和听者之间的异同。语言接触现象也由此得到拓展，即在不同的语言接触变体中，同一个概念会有不同的解读和偏向。例如，Finzel & Wolf（2018：187）通过考察"女人"（woman）、"女巫"（witch）和"同性恋"（homosexuality）这几个概念的强搭配使用情况，对其在英语语言变体中的概念呈现做了细致的分析。以上研究对从词汇、暗喻和概念层面进行翻译的语言接触变体进行探讨提供了有益的启示。

关于翻译文本特征影响目标语言的实证研究近年在国内逐渐展开，取得了一系列立足于汉语进行的基于英汉及汉英语料库的研究成果（王克非2012；胡开宝2012；肖忠华 2012；王克非、秦洪武 2009；胡显耀 2010）。有关翻译文本特征和语言接触的研究，主要涉及源语透过性和翻译显化特征等方面。涉及的研究如戴光荣（2013），Dai（2016），庞双子（2018），秦洪武、王玉（2014），赵秋荣、王克非（2014），王克非、秦洪武（2017），庞双子、王克非（2018a），夏云、卢卫中（2016），秦洪武、孔蕾（2018）等。以上研究立足英汉语言的翻译和语言接触研究，在实证研究上取得了一系列成果，进一步拓展了该领域的研究。

4.5 案例分析

4.5.1 案例 1：翻译语言项呈现不足研究

Kolehmainen *et al.*（2014）在《学科十字路口的语言接触研究》的开篇对接触语言学和翻译研究领域的"呈现不足"做了专门的探讨。在这篇文献中，"语际减弱"（interlingual reduction）是指由于目标语语言项或者使用模式的减弱或者低频使用，从而导致其不被语言接触情境下的两种语言所共有。该篇文献旨在通过多学科融合的方法，即将翻译研究、接触语言学、认知语言学等相结合，推进语言接触的研究。"语际减弱"现象在以往的接触语言学领域、二语习得领域和翻译研究领域均有涉及，但都是各自为政，缺少相应的对话。在翻译研究领域，这个概念被称为"独特项呈现不足"（under representation of unique items）；在二语习得领域被称为"产出不足""回避"或者"简单化"（underproduction, avoidance or simplification）；在语言接触领域则多被称为"消极借用"（negative borrowing）等（引自 Kolehmainen *et al.* 2014: 6）。

翻译是一种跨语言接触方式，但迄今为止，并未引起足够的关注。

Kolehmainen *et al.*（2014）认为语际减弱便是这种跨语言影响的结果之一。在翻译研究领域，Tirkkonen-Condit（2002，2004）最早对语际减弱现象进行了基于语料库的考察，并提出了"独特性假说"，构成了翻译共性假说中的子假说。Tirkkonen-Condit（2004，2005）通过考察从英语翻译到芬兰语的译文和芬兰语的原创文本，发现在芬兰语翻译文本中表示可能性或者足够的小品词比非翻译文本要少。这些语言项则可以称为语言独特项。研究进一步对其动因进行了解释，认为这种翻译语言和语言接触情形中的"呈现不足"现象缘于我们大脑认知的"激活阈值假说"（activation threshold hypothesis），即当足够量的积极神经脉冲进入到神经基质后，一个词项才由此被激活。这和接触语言学领域的词频有些类似。在翻译行为中，这种呈现不足体现在两个方面，一是当译文中没有与源语对等的成分时，该成分就未在译者头脑中激活，因而呈现出使用不足的现象；二是在译语中有两种或者以上的相似结构，但只有一种是源语的对应成分。在接触语言学领域，人们通常认为跨语言的影响会从一种语言迁移到另一种语言。但也存在另外一种情况，即通过细微和隐性的方式从一种语言迁移到另一种语言，使得其使用频次降低或者消失。这在一些濒临消亡的语言中也有所体现。

目前将翻译语言呈现不足的语言现象与语言接触结合起来的研究还处在探索阶段，但具备研究潜力。本节案例主要以Tirkkonen-Condit（2004）关于翻译语言中呈现不足的考察作为案例进行分析，为读者介绍这个主题的研究路径。该项研究主要以芬兰语中表示"充足"的动词ehtii、mahtuu，jaksaa、malttaa（has enough time、is early or quick enough、is small enough、is strong enough、is patient enough）作为考察点，分析翻译文中特征中的"独特项特征假说"（unique items hypothesis）。研究选取表示充足的动词，是因为在很多印欧语言中，这类语义域的动词很少有对等的表述。

在研究方法上，该研究使用的语料库大约1,000万词，包括学术和小说两种文本类型，并且每一类都包括翻译文本和非翻译文本。研究结果显示，在芬兰语翻译文本中，尤其是小说文类，这类词汇的表达尤为稀少。其中，还有部分只出现在小说文类，鲜有出现在学术文类。此外，这些考察点在两类文本中的语义、句法、搭配上均有非常显著的差异。表4.1显示 -kin 是芬兰语中常用来表示充足性动词的词缀。通过数据观察发现，其在学术文类中的使用多于文学文类，在芬兰语翻译文本中的使用低于原创文本。另外一个词缀 -hAn 虽然整体上使用频次略低于 -kin，但也呈现出同样的研究结果。

在讨论环节，该研究认为这种充足性表述在翻译文本中很少使用，原因在于很多语言并没有此类表达，所以经常会被省略。译者往往不会首选这样的表达方式。当在英语源语中出现 has enough 等充足性表述时，译者往往会选择和调用其他表达方式进行补偿，从而使得以上附着词缀经常被省略。

表 4.1 芬兰语翻译文本和原创文本中 -kin 和 -hAn 结尾的频次比较

	Fiction				Academic			
	Original 950,000 words		Original 950,000 words		Original 950,000 words		Original 950,000 words	
	Total	Per 1000 words	Total	Per 1000 words	Total	Per 1000 words	Total	Per 1000 words
-kin	6595	6.942	4810	5.063	6895	7.258	5579	5.873
-hAn	1856	1.954	1216	1.280	635	0.668	251	0.264

（Tirkkonen-Condit 2004: 181）

研究进一步回顾和阐释了这类现象在翻译研究中其实早已被部分学者发现，如 Reiss（1971）提出翻译中会出现遗失的词汇（missing words），并且认为译者并没有充分挖掘目标语语言的潜势。Shlesinger（1992）发现在学生的翻译文本中，学生很难在译本中使用一个词代替源语文本中的几个词的表达，这在专业译员中亦然。Toury（1995：224-225）也认为，在翻译过程中源语会对翻译语言发生影响，即源语的透过性效应。此外，译者在翻译过程中通常使用直译的方法，这也是造成翻译文本中独特项呈现不足的诱因。

4.5.2　案例2：翻译调节性和语言接触的研究

本小节主要阐述翻译中的调节性如何与语言接触研究相结合，并以Malamatidou（2017）发表在 *Lingua* 上的论文《为什么语言变化不易察觉：改编在翻译触发的语言变化中的作用》（ "Why changes go unnoticed: The role of adaptation in translation-induced linguistic change" ）作为案例分析。

该项研究主要针对经由翻译改编的表述如何融入目标语语言进行展开。以往有关翻译对目标语语言影响的研究多是对外来词、借词等较为显著的语言项进行考察。这项研究的新颖之处在于聚焦于翻译文本中并不显著的语言变化。这些不显著的语言表述通常是因为某些改编所致。在语言的发展中，一些语言变化不易察觉，一方面是因为语言变化往往需要经过很长时间，另一方面则是由于变化是由于改编所致。改编可以发生在语言的不同层面且程度不同。改编虽然在接触语言研究中较为常用，但在翻译研究领域里较少被提及。该项研究将语码复制框架应用到了翻译领域，是对该理论框架的拓展，可以更好地用于解释翻译和语言发展之间的关系。

该项研究使用的是TROY中1990—2010年这20年间的语料，共分为三个阶段1990—1991年、2003—2004年、2009—2010年。TROY包含三个子语料库：第一个子语料库包括这三个时间段的非翻译文本的希腊语文本；第二个子语料库为后两个时间段的希腊语翻译文本和非翻译文本构成的类比语料库；第三个子语料库为后两个时间段的英语源语文本和希腊语翻译文本。文本类型为科普读物。这项研究旨在承接之前作者有关被动句考察，进一步研究被动句语序的组合复制现象，尤其是主语的位置，并界定英语对这种文本的影响程度。

在研究伊始，作者对英语和希腊语的被动语态使用情况做了介绍。英语和希腊语是两种类型距离较远的语言。英语中常用的被动语序为SV结构。较之英语，希腊语的语序更加灵活。研究假设是，如果希腊语在英语通用语的影响下，对其进行了语码复制，那么随着时间的推移，SV结构的使用应该是逐渐增加。该项研究也正是基于此展开了分析。

表 4.2　希腊语非翻译科普文本中的被动语序

	Non-translated 1990/1991	Non-translated 2003/2004	Non-translated 2009/2010
SV	53/99（53.5%）	41/88（46.6%）	55/94（58.5%）
VS	22/99（22.3%）	37/88（42.0%）	31/94（33.0%）
V	24/99（24.2%）	10/88（11.4%）	8/94（8.5%）

研究步骤的第一步是历时分析，分别对三个时期非翻译希腊文本中的被动句的语序进行统计，如表4.2所示。这三个时期占比最多的语序均是SV结构，分别占比53.5%、46.6%、58.5%。经过统计学检验，这并不具备显著性差异。从这项统计结果我们可以推测出，希腊语的非翻译文本对被动语态进行了组合性的语码复制，即调整了语序。V结构的使用频次在这三个时期逐渐下降，从占比24.2%下降到8.5%，呈现出显著性的差异，但这种频次的降低并没有体现在SV结构的补偿性增加，而是VS结构的使用频次上升。这些数据表明，除了英语的影响之外，还有其他因素在这个过程中发生作用。但仅仅对其进行非翻译文本的历时考察，并不能完全证明组合性语码复制的存在。如果需要考据确凿，还需要将翻译文本与之进行比对。

为了考察翻译文本中的被动语序做了何种程度上的组合复制，研究对其进行了翻译文本的历时统计分析。通过表4.3的数据，研究发现希腊语翻译文本中使用频次最高的同样为SV结构，与非翻译文本频次接近。在这两个时期，被动语态在翻译文本中的频次从53.4%上升到57%，在非翻译文本中从46.6%上升到58.5%，但通过卡方检验，这种增长并不具备显著性差异。以上数据证实了被动语态语序频次被进行了某种程度的改编。这两种文本的历时对比也同样表明，当一种新的语码引入到另一种语言后，在其适应阶段则会立即进行改编，但要经过较长时间才能进入到目标语单语文本之中。换句话而言，译者在遇到可以复制英语源语中的SV结构时，必要时倾向于将其转换成其他语序，如VS结构或者V结构。其中，在动词V结构的使用上，希腊语翻译文本和非翻译文本呈现出较大的差异。卡方检测显示，这两类文本在后一个时间段（即2009—2010年）呈现出更大的显著性差异。研究据此判断，V结构是希腊语翻译文本中较多使用的语言表征，而在非翻译文本的希腊语中则较少使用。在VS结构的使用上，翻译文本则是低于非翻译文本的使用频次。

表4.3　两个时间段希腊语翻译和非翻译科普文本被动语序

	Non-translated 2003/2004	Translated 2003/2004	Non-translated 2009/2010	Translated 2009/2010
SV	41/88(46.6%)	48/90(53.4%)	55/94(58.5%)	42/73(57.5%)
VS	37/88(42.0%)	22/90(24.4%)	31/94(33.0%)	12/73(16.5%)
V	10/88(11.4%)	20/90(22.2%)	8/94(8.5%)	19/73(26.0%)

继基于类比语料库的考察之后，作者对平行语料库做了数据统计，旨在检测英语源语的SV结构使用的频次变化，并对在英语和希腊语翻译文本的转换过程中的组合性改编如何被使用进行质性分析。数据统计显示如表4.4所示，英语强度依赖SV结构的被动语态使用方式，两个时期的使用频次均为100%，与研究假说相符。此外，在这个环节，作者通过个案考察，如英语句子"more research is needed"转换成希腊语后成为"Is demanded, thus, more research"，英语中的主句被调到了句尾，其中发

生了组合性的语码复制。

表 4.4　英语源语两个时间段科普文本被动语序

	Source texts 2003/2004	Source texts 2009/2010
SV	121/121（100.0%）	134/134（100.0%）

在研究的讨论环节，作者进一步对"特洛伊木马"的暗喻阐述了自己的观点，认为翻译不仅对目标语言的文化发生影响，同样也会影响到这种语言的语言系统，翻译可以视作某种流动的语言，永远不会停歇。作者不赞同将英语语言的影响视为一种威胁的论调，支持House（2003）等多位学者的观点，认为翻译是对本族语言的有益补充。这项研究将翻译过程中的调节性和语言接触研究通过语料库的实证方法相结合，引领了这个领域的发展。

4.6　小结

本章主要从文本分析的视角介绍了翻译和语言接触研究。在翻译文本类型和语言接触研究中，对文学文本和非文学文本的研究状况做了分析。本章重点分析了翻译文本特征和语言接触结合的相关研究，并将其分为早期翻译探讨中的语言接触认识和近期的语料库翻译研究中的语言接触研究两个阶段。本章逐一讨论了翻译文本特征中的源语透过性、显化特征、调节性特征、独特项特征以及翻译语言接触变体的研究。在案例分析环节，分别以翻译文本呈现不足和翻译文本的调节性为案例进行了微观的剖析。

第五章 | 翻译路径的语言接触研究：实证研究

5.1 引言

翻译路径的语言接触研究，其宏观目的是探讨翻译因素对语言变化的触发作用及其运行机制，而微观目标是探讨译者缘何与如何翻译，以及其翻译选择如何影响语言的变化，并探讨其背后的影响因素。本章将从实证研究的角度对翻译路径的语言接触研究进行探讨。

翻译路径的语言接触研究不同于跨语言对比的语言接触研究，主要是以翻译作为语言接触方式来考察其对目标语语言发展和变化产生的影响及其运行机制。从当前的研究态势来看，这一领域在研究理论、研究方法、研究结果上都有了较大的进展。就考察角度而言，该领域的研究主要分为语音、词汇、语法、语篇、语体、文化等层面。

在理论上，该领域近些年汲取了较为成熟的接触语言学理论，如语码复制框架理论（Johanson 2002）、语法复制理论（Heine & Kuteva 2005）、认知语言接触语言学理论（Zenner *et al.* 2018）等，极大地推进了翻译研究和语言接触研究这两个学科的发展。

尤值一提的是，在过去的20年，该领域在实证研究的推动下取得了新的进展。例如，Kranich, Becher, Höder & House（2011）尝试将口语者语言接触中形成的机制和规律应用于书面语研究，以此探索语言间通过书面语接触的机制和规律。该研究成为在翻译导向的语言接触研究中第一次较为系统的考察，将该领域的研究推进了一大步。近些年，Malamatidou（2013，2017a，2017b，2018）、Bisiada（2013）等通过语料库的建设和理论探讨相结合的方式进行研究，并取得了新的进展。例如，Malamatidou（2017a）通过对译本中词汇的考察，发现了语码复制过程中"创新"因素对目标语语言发展的影响；Bisiada（2013）通过构建历时语料库考察英德语言连接词形合和意合的变化，认为在英德语言接触中，句子自身的简化趋势起着较为重要的作用。

本章将重点从词汇和语法层面介绍该领域的研究，语体和文化等层面的研究将集中在5.4小节进行简述。

5.2　词汇层面

词汇研究是语言接触研究起步较早且至关重要的一环。语言接触研究领域中的词汇研究主要关注词汇的借用和外来词的引入。词汇研究的重点依次为名词、动词、形容词和副词。根据Thomason & Kaufman（1988：77），在较低的文化压力下，往往只有词汇会发生借用现象，且借用常发生在基本词汇之外。在以往语言接触研究中，考察较为普遍的问题是词汇层面的表现，即外来词的使用。例如，Deshpande（1979：258）曾指出，约有成百上千个印度语外来词进入东南亚语言，但其间并未有语音或者语法结构的引入。Matras（2009：156）的量化研究结果表明，在任何一种语言接触情形中，实词较之虚词更多地被借用，而这种借用往往发生在社会文化接触的表层。从认知层面来看，因为能标识可见可感之所指，其语言形式往往比较明晰且最易习得，也因此会被很快借用到另外一种语言（Field 2002：46-47）。又如，Hickey（2010）认为一种语言对另一种语言发生的影响，在很大程度上取决于语言在接触中所处的位置，如在中世纪英语时期，法语对英语产生了较大的影响。根据Thomason & Kaufman（1988）所述，词汇的借用强度可以分为如图5.1所示几种等级，实词被借用的强度为最轻度等级。

Casual contact Category 1: content words
Category 2: function words, minor phonological features, lexical semantic features
Category 3: adpositions, derivational suffixes, phonemes
Category 4: word order, distinctive features in phonology, inflecctional morphology
Intense contact Category 5: significant typological disruption, phonetic changes

轻度接触　　类别1：实义词

　　　　　　类别2：功能词、微观语音特征、词汇语义特征

　　　　　　类别3：介词、派生词缀、音位

　　　　　　类别4：词序、发音的显著特征、屈折形态

重度接触　　类别5：显著的类型学中断、发音变化

图 5.1　Thomason & Kaufman（1988）的词汇借用类别和强度级别

在翻译路径的语言接触研究中，对名词的研究主要有两类。第一类是考察词汇的创新使用。Schaefer（2011）讨论了乔叟作品中一例新词的翻译，重在区分"源语语言"和"模型语言"的区别。作者认为，英语书面语言的发展会受到模型语言所建立的"语篇"规范的影响。研究以"幸福"一词为例，阐明词语的创新实际是个体翻译的结果。与之不同的是，Malamatidou（2017a）比较了《发条橙》多个语种的译本，主要考察了俄语外来词在英语、法语、德语、希腊语和西班牙语中的使用。这项研究借用了语料库的量化统计优势，构建了囊括多个语种译本共计30万词左右的语料库，分别从词汇性的变化和屈折词缀两个层面进行了统计分析。研究结果表明，词汇的创新不只取决于译者这一个因素，而是多个因素共同作用的结果，包括译者对译作的期待以及译入语文学语言系统的包容能力等诸多因素。国内有关外来词的研究较多，如胡开宝、王彬（2008），郭鸿杰（2005），王瑾、

黄国文（2008）等。近些年，也有新的研究涌现，如党静鹏（2017）对汉语借词的机制进行了考察，并探讨了外来词"粉丝"一词的使用缘由。第二类是词语的语义变化研究。这也是词汇层面研究的一个重点，主要包括词义的共时变化和历时变化。前者关注词义在语言运用中的变化，即由于语言运用的环境和结构的不同而导致的词义变化；后者关注词义在语言历史上的变化，即具体语言成分的语义要素在其历史发展过程中发生的变化。语义变化具体表现为语义扩大、语义缩小、语义转移、语义情感色彩意义变化，以及语义的虚化等。语义扩大即词汇产生新义项，导致所指对象的范围扩大，词义缩小则与之相反（胡开宝、王彬 2008：70）。在翻译路径的语言接触研究领域，对语义变化的考察不止于对两种语言进行对比考察，更看重的是探寻翻译在其中发挥作用的内在机理。在国内的研究中，胡开宝、王彬（2008）指出，20世纪90年代以来，大量源自英语的外来词进入汉语体系，导致许多汉语词汇意义的扩大。研究认为，这种词汇意义扩大的成因分别为谐音取义法和直译法，并认为词义的扩大是由于翻译使得汉语词汇意义同时对应英语词汇的中心义和边缘义，或者旧义和新义。

除名词外，动词、形容词和副词也是语言接触研究考察的对象。就动词而言，Wichmann & Wohlgemuth（2008）认为动词在语言接触中被借用的优先等级顺序通常为轻动词、间接插入语、直接插入语、范式转换。例如，英文单词demand源自法语，德语的downloaden实际上源自英语（Matras 2009：176）。

light verbs > indirect insertions > direct insertion > paradigm transfer
轻动词>间接插入语>直接插入语>范式转换

图 5.2　Wichmann & Wohlgemuth（2007）的动词借用等级（引自 Matras 2009：176）

根据Matras（2009：176），以上几种动词进入另外一种语言通常会经历以下几种类型：（1）动词原形的非修饰性借入方式；（2）动词原形的词形改变方式；(3)插入到含有动词的复合结构中(轻动词的形式)；(4)动词原形和其原有屈折形式的借入方式(范式转换)。

在语料库翻译研究领域，报道动词的研究较受关注。透过翻译的语言接触研究与动词的结合主要体现在报道动词、轻动词等方面。其中，较具代表性的研究是Malamatidou(2017b)对报道动词的被动语态进行的历时语料库考察。该研究解释了语言变化不易被察觉的原因，主要关注的是翻译作为语言接触的一种途径，考察接触语言学领域中提及的改编概念对目标语语言的次序变化产生的影响。翻译文本中的改编性最重要的一个方面，就是允许词汇原有的形式有效地融合在基础语码之中(Malamatidou 2017b: 24)。该项研究使用了TROY。该语料库包含了相距20年(1990—2010年)的文本语料，库容大约50万词。作者分别比较了报道动词在不同时期的翻译文本和非翻译文本中的词语顺序，分别为SV、VS和V等三种组合形式。研究通过考察VS和V的组合形式，发现翻译文本会对目标语文本的语言产生影响。

对轻动词的考察是英汉语言接触考察中较具特色的一环。戴光荣、左尚君(2018)通过语料库的途径考察了现代汉语轻动词的历时变迁。汉语中的轻动词根据意义大致分为两类，一类为'做'义类：进行、从事、做、作、搞、干、弄；一类为'处置'义类：加以、给予、予以、给以(Kuo & Ting 2007；刁晏斌 2004: 32)。该项研究主要考察了这两类轻动词的使用情况。研究发现，汉语译文语料库的轻动词使用频率远远高于汉语母语语料库；受英语源语与汉语目标语规范的影响，轻动词在汉语译文语料库中的搭配模式也异于其在汉语母语语料库中的搭配模式；无论是汉语母语还是汉语译文，轻动词的使用频率在历时语料库中均呈上升趋势，呈现出一种抽象的名词化用法。

除了轻动词，翻译对语言的影响还体现在运动事件层面。例如，Rottet(2017)考察了英语对威尔士语(Welsh)和布列塔尼语(Breton)在运动事件使用上的影响。威尔士语和布列塔尼语都属于接触性语言变体，可以借助翻译语料库的创建和应用对其语言接触史的不同阶段进行探析。该研究分别收录了两种语言接触变体的六部小说文本，其中含有运动时间表达的1,200个翻译表达形式，即每一部书都选取了100个运动事件的表达形式。研究将译本中的处理方式分成了五种不同的类型，如对源语形式的保留、对动词的保留和部分成分的删除、全部省略、代替和修改。通过对语料库统计分析，该研究结果表明，威尔士语受到英语影响较深，且影响程度要大于布塔尼语。研究进一步对其背后的影响因素进行了诠释，如语言接触时间的长度和强度，发现威尔士语与英语的接触时间较长，而后者与法语有长时间的接触。

研究发现，形容词的创新使用远比名词和动词要少得多。在大多数语言中，形容词都占据很少的比例，甚至在某些语言中，这种词类是否存在都颇具争议（Matras 2009：187）。实际上，颜色词是外来词汇中较具研究价值的一类。Matras（2009）列举的几种语言都和其他语言有过长期接触。研究发现，趋于稳定的为黑色、红色和白色，最易发生变化的词汇为蓝色，其次为绿色等。例如，马耳他语和斯瓦希里语都借用了英文中表示blue（蓝色）一词，而英语中的blue则是从法语的bleu演变而来。当前，在语言接触研究领域，对形容词的研究也逐渐涌现。Kask（2019）考察了英语中的形容词在爱沙尼亚语言中的使用，其语料主要来自博客和博录。该研究分析了84个名词短语，其中35例形容词与名词相符，46例不对应。研究进而探讨了背后的影响因素，包括词根转化、书写和发音的不同，以及个人偏好等。此外，Chang（2021）对汉语中的"小+形容词"（如美好、确幸）与韩语中的类似结构进行了比较，探查了语言接触有可能在其中发生的作用。

我国有关翻译路径的语言接触研究起步较早，其中关于外来词汇的研究较为丰富，如胡开宝（2006）、李颖玉（2010）、朱一凡（2011）等。除了以上提到的相关研究外，理论层面的相关研究如方欣欣（2004）、刁晏斌（2019）等考察了欧化文言作为客观存在的真实性，进而讨论了其与欧化白话及现代汉语的密切关系。贡贵训（2018）通过考察，认为《近现代汉语新词词源词典》的英源词翻译经历了从音译到意译，翻译用字经历了从杂乱到统一、从俚俗到典雅的过程。基于语料库的相关考察研究以硕博士论文居多。此外，相关研究也逐渐从文学领域拓展到其他语体领域，如夏云、卢卫中（2016）集中在词汇层面，重点探讨了中文法律外来术语的输入、新词形成与词义的演变，以及翻译造成的术语失范等现象。综上，中文词汇的欧化研究是我国翻译和语言接触研究最为活跃的领域。

5.3　语法层面

语法层面是语言接触研究颇具争议的领域。从较早时期的博厄斯-萨丕尔之争开始，学界对此秉持不同的意见。其争论主要围绕如何对语言内部的继承相似性与同源语言接触的相似性进行区分。这也是迄今为止围绕此类现象最引人关注的一次探讨。其中的关键问题是，当我们考察语言接触引起的语言变化或过程时，会发现语言接触引起的变化和语言系统自身产生的变化往往界限并不清楚（参阅庞双子、王克非 2015：84-85；Thomason 2001：86）。纵观近一百年的历史语言学发展，相关研究多集中在语言内部促成的语言演变，忽略了外部因素的作用（Thomason & Kaufman 1988：1）。早期，Schuchrdt（1884）确认了克鲁塞语和洋泾浜语作为混合英语的存在。此外，Weinreich（1953）、Thomanson & Kaufamn（1988）、Thomason（2001）、Labov（1972a）均对语法层面的语言接触和演变做过相关研究。

就语言接触研究的语法层面而言，在过去20年间由Brody（1987）和Salmons（1990）领衔的研究表明，语篇标记词处于借用层级的顶端，且这一结论已经达成了共识（Matras 2009：193）。基于此，在透过翻译的语言接触领域，语篇标记词一直是研究的焦点。具体而言，翻译路径的语言接触研究在语法层面上主要关注的是连接词、代词、情态词、指示词等虚词成分。House（2011）以科普类的翻译结合类比语料库考察了语法结构在五个层面的变化。这五个层面分别为情态动词、情态小品词、说者-听者指示语、句子状语和复合指示。通过对以上结构的考察，作者进一步提出了翻译与语言发展关系的三种假说：调节者、反映者和保护伞。Wurm（2011）基于翻译语料库和参照库对由中世纪法语翻译而成的德语烹饪文本进行了历时分析，认为文体规范的变化来源于某些个体译者的创造，并由此得到了传播。Weber（2011）以中世纪英国议会书卷中的not withstanding结构为例，力争在法律和官方文献的文类中寻找语言接触的证据。这项研究认为，这种结构的变化主要是由于文体自身的发展和语言接触相互作用的结果，是对文本类型特征的模仿。

近些年，随着语料库研究方法和技术的进步，翻译与语言接触研究在语法衔接层面的研究也愈加精细和深入，但在衔接层面的研究仍处于初级阶段。Hansen-Schirra *et al.*（2007）以及Kunz & Steiner（2012）等对这一领域做了推进性的研究。Bisiada（2013）建设了库容约为100万词的语料库，对英德文本中的转折连接词和因果连接词进行了历时的纵向分析。研究结果发现，德语文本中连接词的使用特征正在从形合走向意合。Hansen-Schirra（2011）使用英德CroCo语料库，并结合平行语料库和类比语料库，考察了目标语文本中的短语结构和句式结构在过去几十年中如何受到翻译的影响而发生改变，并将翻译结果和翻译过程相互结合，进行了多方验证。Baumgarten（2008）比较了英语和德语的第一人称代词的复数形式，首先说明了该语言项在两种语言中的使用功能，随后结合类比语料库进行比较，最后通过平行语料库发现了其与源语之间的转换规律。Becher（2009）进一步考察了英德翻译文本和非翻译文本的转折连接词。研究首先考察了德语类比语料库中的词项变化，其次通过与平行语料库的比对，对源语中的对应词项进行了考察，提出要区分干扰过程和干扰的结果，证实了英语口语性和翻译文本的规范化特征在语言演变中的作用。此外，Malamatidou（2018）在其著作中收录了数篇基于多方验证的语言结构的考察，如英语和俄语的转折连接词的使用情况，考察时间段为2000—2015年，文本类型为儿童小说。研究结论证实了语言规范、文本类型特征、译者态度、源语干扰对语言变化的多种影响。此外，该书还收录了有关英语和希腊语分裂结构的比较考察。

我国的相关研究可以追溯到21世纪初。王克非（2002）提出了近代翻译对现代汉语语法结构层面的影响，分别为：1）被动式使用频率和范围的扩大；2）句式趋向复杂多样；3）句序变灵活，从这三方面论证翻译对汉语句法的影响。在基于语料库的相关研究中，代表性的有王克非、秦洪武（2017）对多个语法结构指标的量化分析，赵秋荣、王克非（2017）关于现代汉语重述标记的考察，秦洪武、孔蕾（2018）对汉语复杂度的考察，以及庞双子、王克非（2018）关于对等连接词的历时考察等。

5.4　其他层面

在语体层面，透过翻译的语言接触研究主要体现在不同语言变体之间的多维度比较。在现代语言学领域，语体或语域（register）一词最早由学者Reid（1956）提出，是指"由于所处情境不同而产生的多样性"。我国学界将该词译为语体或者语域，本文采用语体这一译法。语体分析在西方语言学领域有悠久的历史和细致的探索，这源于对"语体多样性"（register analysis）的探求，语言学家如Boas、Sapir、Whorf、Bloomfield等对此均有涉及。现代语言学对语体研究的历史性突破，是以Biber为代表的美国语料库研究者通过多维验证方法对口语和笔语等语体进行科学的实证分析。现在，这种多维研究方法被广泛应用于语言学和翻译学领域。翻译领域中的语体分析研究较早见于20世纪80年代。Ure（1982：16）在提及双语情境下的语体研究时提出了"第三种语体"的概念。他认为，在包含一系列语体的双语情境中，每一种语言构成一种语体，同时还包含第三种语体，即混合语体。这几种语体会包含共有的语言特征以及相同的使用环境。

Kruger & Van Rooy（2016）认为，基于语料库的翻译研究和量化的语体研究是近些年的主流方向，一方面来源于跨语言的语体研究，另一方面来源于翻译文本特征研究。这项研究主要是对翻译语言和英语语言接触变体进行考察，比较其异同。其出发点在于，如果这些文本之间有一些共通之处，则翻译文本特征可以归结为一种"受限的"（constrained）语言特征。在国内，胡显耀（2010）从汉语翻译文本采集了32个语言特征，从中分析得到两个主要因子。第一个因子可用于区分文学与非文学语料，第二因子可用于区分翻译与原创语料。尽管该研究并未从语言接触研究的角度进行探讨，但这一研究结果对翻译汉语的语体研究具有开拓性意义。庞双子（2020）对20世纪100年间的翻译汉语和原创汉语文学类文本进行了三个时期的对比，对42个特征进行了多维度的比较分析，考察了语言接触因素在其中的作用，并对两种语言文本做了历时的多维度比较分析，就其相关性进行考察。研究发现，在反映语篇信息性的多项指标上，翻译文学文本的语体变化呈现显著性差异，表现出信息严密化的发展趋势；而在指称明晰特征上，翻译文学文本的语体表现出口语化发展趋势。

此外，在文化层面，经由翻译而来的语言杂合研究也是其中一个分支。在跨文化的研究中，源语语言和目标语语言不仅是在一般写作的过程中相遇，也会频繁出现在小说或者小说之外的世界。这种研究认为，语言的杂合会直接影响作者的世界观，也会影响叙述者的世界观或者人物性格塑造（Klinger 2015：1）。正如Lavisosa（1998）和Overas（1998）所述，在译者的无意识复制或有意的异化尝试下，跨语言的翻译会创造出语言的杂合现象。这项研究主要是考察在目标语转换的过程中，语言的杂合现象是否会影响叙述者或者人物的世界观建构，从而最终影响读者的世界观。该研究结合了叙事学、认知诗学以及文体学来探索上述问题,但仅是一个基于质性和个案的考察,实证数据不足。

我国学界除了探讨词汇和语法层面的研究外,也逐渐展开对多个层面的研究,如语体层面、语义层面、概念层面等,但目前还处于初步探索阶段,有待于进一步推进。已有的研究包括庞双子(2020)对20世纪三个时期的翻译文本所做的语体多维度的历时考察,以及朱一凡、秦洪武(2018)、胡开宝(2021)对概念的翻译和传播进行的考察和研究。庞双子(2018)对it一词的语义搭配进行了历时的考察,庞双子(2021)根据语义分类对翻译文本和原创文本,使用随机森林的考察方法进行了历时的统计分析,发现语言接触中某些语义层面的渗透较之词汇和语法更为显著。以上成果都将该领域的研究向前推进了一步。

5.5 案例分析

5.5.1 词汇层面的研究案例: Malamatidou (2017a)

本小节选取Malamatidou(2017a)关于《发条橙》俄语源语文本中的一种小说自创的纳查奇语(Nadsat)在多个语种中的不同翻译作为案例进行分析,属于词汇层面研究。

纳查奇语是《发条橙》这部小说中作者建构出来的英语和俄语的混合语,仅在青少年之间使用,具有陌生化的效果。该研究主要考察纳查奇语在译本中的创新性翻译,以及这种创新性翻译背后的影响机制。

该研究主要集中对词形改编进行了探讨。词形改编是存在于两种语言系统之间的主要区分标志,研究主要从词性和词缀两个方面进行了探讨。根据该文所述,通常而言,外来词进入有性别区分的语言中通常需要进行标识(阴性或者阳性),如法语、德语、希腊语、西班牙语。影响这种性别标识添加的主要因素是语义和形式。语义因素是指借入词的意义特征,其中生命度起着重要的作用。有生命外来词（animate loans）会直接进入到借入语言之中，而无生命外来词则需要考虑借入语言之中可以与之匹配的近义词是否存在这样的性别区分。同样，形式上的决定因素主要是由两种语言形式上的形似程度来决定。语义因素和形式因素并不相互排斥，往往共同起作用。

该研究考察了以俄语为源语的多个语种的译文文本，如法语、希腊语、德语、西班牙语等。作者指出，选取这些语言的原因在于：法语和西班牙语可以区分两种性别的变化，德语和希腊语可以区分三种性别的变化。此外，德语、希腊语和俄语都有一种变格系统，广泛使用曲折词缀，而英语、法语和西班牙语则不同。研究参考每一个语种的单语词典选择了具有代表性的外来词汇，共计选取了114个俄语名词，87个法语名词，170个德语名词，40个希腊语名词和24个西班牙语名词。具体语料库库容如表5.1所示，年代跨度涉及1962—2012年的50年时间。每部作品取样均衡，库容约30万词。对多个语种的考察可以确保研究结果的有效性和准确性，探究不同语言的译者如何处理小说中的纳查奇语，以及译者如何进行词汇创新。

表 5.1 《发条橙》多语语料库的库容（引自 Malamatidou 2017a: 7）

Language	Year	Translator(s)	No of words
English	1962	Anthony Burgess (author)	59,057
French	1972	Georges Belmont and Hortense Chabrier	68,688
German	1997	Wolfgang Krege	56,865
Greek	2011	Vassilis Athanasiadis	59,662
Spanish	1976/2012	Anibal Leal and Ana Quijada	55,751
Total	-	-	300,023

在考察环节，该研究共选取了英语源语中135个单词，并使用Tetrapla Plus多语种检索软件检索其在不同语种译本中的对等翻译。在比较环节，研究首先对纳查奇语外来词和俄语中自然出现的借词进行比较，以此发现共有特征。纳查奇语的提取则主要以这部小说不同年代的英语版本后面的词汇索引作为参考。之后，对翻译文本中的纳查奇语词汇及其对应的英语源语词汇进行比较，考察其源语透过性的特征。

在分析环节，研究选取了两个观测点：词语的性别使用和词缀的使用。首先，为了考察词语的性别背后的决定性因素，研究分别将俄语中的一般借词和纳查奇语与其对应的同义词进行比较。如果出现不一致的情况，则说明语义因素不是决定性的因素。

对一般俄语借词的研究结果表明（表5.2），就有生命名词而言，语义因素起到决定性的影响作用，如通过对法语版本中22个有生命性名词进行比较，研究结果显示其变化完全一致，即语义影响因素为100％。就无生命名词而言，其语义影响因素也占50％—60％左右。可见，语义因素是区分词汇性别的主要影响因素之一。

表5.2　俄语一般借词的语义因素的影响（引自 Malamatidou 2017：8）

Language	Semantic factors		
	Animate nouns	Inanimate nouns	All nouns
French	22/22（100％）	37/65（56.9％）	59/87（67.8％）
German	39/47（83.0％）	60/119（50.4％）	99/166（59.6％）
Greek	13/13（100％）	16/27（59.2％）	29/41（70.7％）
Spanish	3/3（100％）	13/20（65.0％）	16/23（69.6％）

与一般俄语借词相比，纳查奇语与其对应的同义词的检测结果显示，语义因素起到更大的决定作用。但各个语种之间的语义影响力呈现多样性。例如在法语里，与一般类俄语借词相比，语义因素对无生命名词影响

更大，但在德语和西班牙语里并非如此。以英语中的foot一词为例，德语对应的词是hora，法语对应的词是noga。在法语中，这个词既可以是阴性，也可以是阳性，取决于是用来指脚（foot），还是腿（leg）。前者为阳性，后者为阴性。因而，译者可能会依据语义因素来决定如何对词汇进行创新性翻译。

除语义因素之外，为了探测还有哪些因素影响译者的选择，作者进一步考察了词缀的使用。研究显示，在词缀上，译本中显示出的改编程度较小，将近15％—40％，尤其是无生命名词，占比15％—30％。研究进一步将改编程度分成高低两个等级后，发现英语处在改编程度最低的一端，法语则处在改编程度最高的另一端。就一般俄语外来词而言，与上述结论相符，其改编的程度较低，大概为15％—40％，尤其是无生命名词。而对纳查奇语的研究显示，30％—70％的纳查奇语借词发生改编情况，其中有生命名词的改编程度低于无生命名词。随后作者对每一种语言中的具体使用情况进行了统计和比较。

在讨论环节，研究分析了影响这种翻译创造性的因素，并大致将其归为两类：目标语因素和源语因素。目标语因素与译者所理解的翻译期待有关，不能增加或者改变文本的意义。例如，译文对源语意义的保留，往往是因为译者认为翻译行为的目的是传达意义，以及目标语文学系统对语言创新性的包容。源语因素包括源语作者的意图以及源语文本的影响。因此，从语言演变的角度而言，翻译中的创新性不能简单归因于译者。这种创新性是多方面复杂因素造成的，这些复杂的因素一起推动着语言发生变化。

这项研究运用了接触语言学领域的改编（adaptation）概念，首次诠释了影响翻译创新性的多重因素，挑战和重构了传统翻译创新性中的诸如创新性语言、新词、俚语等机制。翻译研究与接触语言学研究的结合，可加深我们对翻译本质的认识。尤其值得一提的是，对翻译创新性的影响机制展开研究，不仅有利于推进翻译和接触语言学这两个领域的理论发展，还可以使我们对创新力的培养不再停留在译者层面，而是可以综合其他因素，提高译者的创造性书写能力。这也正是此项研究的价值所在。

5.5.2 语法层面的研究案例：Bisiada（2016）

近些年，在透过翻译的语言接触研究领域，涌现出越来越多关注结构变化的研究。比较早的相关研究是Becher（2009）对科技类文本中的转折连接词although所进行的考察。该研究发现，在1978—1982年以及1999—2002年间，翻译文本中的意合有所增加，非翻译文本中的意合也在增加，形合保持不变。研究结论是，翻译文本中形合结构的使用频次通过规范化的方法融入了非翻译文本之中。

Bisiada（2016）考察了英德语言接触中翻译对转折连接词使用的影响，并且以实证的方式证明了德语语言从形合走向意合的发展趋势。该项研究主要聚焦在英德商务翻译文本中转折性连接词的使用上。这项研究的特点之一是其语料不但收录了历时的翻译文本，同时也收录了编辑类文本作为参照和对比。研究选取了1982—2003年间的语料进行历时考察。研究结果表明，翻译文本中转折性连接词的使用频次减少，有意合的倾向，而非翻译文本中，使用频次减少，有形合的倾向，与翻译文本呈现相反的趋势。此外，该研究通过对句首转折连接词的考察发现，英语源语的渗透性增强，进一步验证了语言接触在其中所起的作用。

该项研究承续先前研究中关于德语语言形合和意合的考察（Becher 2009；Baumgarten 2007；Baumgarten 2008；Fischer 2007；House 2011a, 2011b；Kranich, Becher & Höder 2011）。在此之前的研究中，Bisiada（2013）等均证明了透过翻译的语言接触现象使得语言形合逐渐被意合所代替。Bisiada（2016）在文本类型上选择了不同于以往的类别，即商务类文本，有助于对德语翻译文本和非翻译文本之间的比较分析，挖掘历时语料库潜在的优势。

该项研究在语料库构建上颇具特色，即使用了历时平行语料库、类比语料库以及编辑语料库相结合的复合型语料库模型。该语料库构成如表5.3所示，平行语料库和类比语料库分别包含了两个子库，即前一个时期1982—1983年约643,204词，后一个时期即2008年约607,162词。研究选取商务类文本，缘于里面包含科技类文献，可与之前英德语言之间的研究形成可比性。此外，该库还收录了2006—2011年间的编辑类文本约315,955词。

研究步骤为：首先，通过平行语料库考察翻译文本中的转折连接词在两个时间段的变化；其次，通过类比语料库考察翻译文本中的变化是否同样发生在非翻译文本之中；最后，通过编辑类文本考察这些变化究竟是翻译所致，还是在单语文本的编辑过程中所致。该语料库架构的特色在于编辑类文本的收录和考察可以拓展历时语料库的研究。

表5.3　Bisiada（2016）语料库构成

		1982/83	2008
Parallel corpus	English source texts	251,148	258,589
	German translations	246,341	260,261
Comparable corpus	German non-translations	145,715	88,312
Total size		643,204	607,162

该项研究主要考察although、though、even though、while和句首but等五个连接词，并将其不同的译法划分成两类，即形合连接和意合连接。形合连接是指通过语法形式将两个小句连接在一起，通常在译文中使用动词末置的形式；意合连接是指通过动词放置在第二位的方式将两个小句结合在一起，包括连接性副词和意合连接词。研究结果显示，在这两个时期的德语译本中，对等连接词的使用频次有所减少，从56.3%到31.6%。通过绝对频率和卡方检验，在这两个时间段，意合的使用频次呈现显著性的增长，$\chi^2=5.98\,[df=2]$，$p=0.0503$。

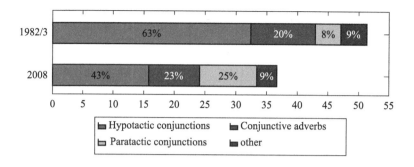

图 5.3 两个时间段转折连接词形合和意合的频次变化（引自 Bisiada 2016：143）

如图5.3所示，在这两个时间段，形合连接词的使用频次逐渐减少，形合连接词、连接性副词的使用频次逐渐增加。研究进一步通过相对频率的方法进行考察，发现这种历时意合结构的增加，实则是缘于形合结构的减少。

为了进一步考察这种变化是否缘于编辑因素所致，Bisiada（2016）对编辑文本进行了频次统计，发现13例从翻译过程转化而来的形合，62例从翻译过程转化而来的意合，仅1例从编辑修订处理为其他的表述形式。据此，编辑在其中所起的作用微弱，主要是由译者所致。

根据类比语料库的考察，在这两个阶段，意合连接词使用频率显著升高，形合连接词的使用频率则变化较小。与基于平行语料库调查得到的结论相反（图5.4），在类比语料库的考察中，研究显示并没有出现形合频次的减少，相反转折连接词的形合频次呈现增加的趋势。据此，研究判断平行语料库中连接词使用频次的减少仅发生在翻译文本之中。

在讨论环节，研究认为非翻译文本中连接词使用频次的增加缘于翻译文本中的断句，因断句后，则需要增添句首连接词。另外一个因素是英语源语对应成分的减少，从而导致其使用频次发生变化。句首连接词的使用一方面是缘于英语对应成分的增加，另一方面是源于译者的引入。这项研究以实证的方式证明了句首连接词在透过翻译的语言接触中的作用。

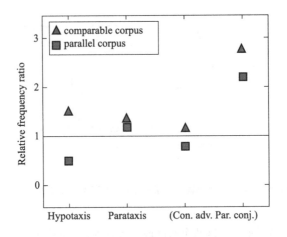

图 5.4　平行语料库和类比语料库中形合和意合的变化比较

（引自 Bisiada 2016：147）

5.6　小结

　　本章主要讨论了翻译导向的语言接触研究的类型，并对其典型案例做了相关介绍。翻译导向的语言接触研究主要是以翻译作为语言接触方式来考察其对目标语语言发展和变化产生的影响及机制。本章从词汇、语法、语体、文化等层面分别介绍了此领域的代表性研究。语言接触领域的词汇研究主要关注词汇的借用和外来词的引入，本章分别介绍了有关名词、动词(尤其轻动词)、形容词等的研究。在透过翻译的语言接触领域，语篇标记词一直是研究的焦点所在。具体而言，在语法层面，翻译导向的语言接触研究主要集中在连接词、代词、情态词、指示词等虚词成分。在语体层面，透过翻译的语言接触研究主要体现在不同语言变体之间的多维度比较。在案例分析部分，本章主要介绍了 Malamatidou（2017a）运用语言接触理论进行词汇创新的研究和 Bisiada（2016）关于转折性连接词的语法衔接研究。这两项研究均为翻译导向的语言接触研究，前一项研究将接触语言学理论中的改编与翻译研究中的创新性相结合，通过语料库的实证研究方法表明影响译者的创新性因素(包括源语和目标语两个领域的因素)，推进了语言接触理论的跨学科发展。后一项研究通过使用平行语料库和类比语料库相结合的方法，证明语言接触对语言变化的推进作用，在研究方法上是一大进步和更新。

第六章　基于语料库的英汉语言接触研究

6.1　引言

"在数千年的发展历程中，汉语与不同语言发生间接接触或文化接触，其词汇、构词法、句法、语义、语用乃至语体都发生了重大变化"（胡开宝 2006：53）。汉语与其他语言接触的研究可以追溯至20世纪初期。1914年，胡以鲁阐述了汉语中外来词的翻译原则和方法（胡开宝 2006：56）。迄今为止，中外学者关于汉语与其他语言接触的研究成果丰硕，主要分布在语音、词汇、语法、语义、语用、语体等方面。

本章围绕以汉语为中心的英汉语言接触研究展开分析和考察，对英汉语言接触的发展脉络进行介绍，并重点分析基于语料库的英汉语言接触研究。英汉语言接触研究主要对其发展脉络进行勾勒，并介绍进入21世纪以来的新进展。汉英方向的语言接触研究，主要可以分为两条路径：汉语语言对英语的影响研究和中国英语的汉语化。中国英语的汉语化是指中国英语的民族化或者汉语化，主要集中在语音、词汇和语法三个方面。

6.2 汉外语言接触概述

本书所讨论的汉外语言接触是指汉语与英语、日语、俄罗斯语以及梵语等语言的相互接触。其中，英汉语言接触研究占据较大比例，是汉外语言接触中最值得浓墨重彩的篇章。汉外语言接触史实际上也是一部翻译的发展史。我国的翻译发展史源远流长，大致可以分为四阶段：古代 — 汉唐佛经翻译、中近代 — 明清科技翻译、近代西学翻译（包括由日本转译）、现代全方位外籍翻译（参阅王克非 1997）。每一次与外来文化的接触都对汉语的发展造成了某种程度上的影响。本小节将遵循翻译史的发展脉络来探究每一次大规模的汉外语言接触对汉语语言的影响，由此来考察翻译对汉语语言系统的影响路径。

从翻译发展史来看，翻译对汉语的影响，亦即汉外语言接触大致可以划分为四个时期：1）早期的汉外语言接触，主要是佛经翻译对汉语的影响；2）明末清初西欧科技翻译的影响；3）近代西学翻译的传播和影响；4）现代全方位外籍翻译历史过程中，翻译对汉语的影响及其变迁。其中，在第四个时期，即20世纪的100年间，我们又看到不同历史时期中翻译镜像（Dyvik 1998）对语言的影响。第一个阶段为五四时期的汉外语言接触（1919 — 1949年），这个时期大量外国翻译作品的涌入对现代汉语的形成和发展发挥了重要的作用；第二个阶段为20世纪50、60年代现代汉语的成熟，这个时期翻译引介的英美作品相对较少，更多的是苏联作品；第三个阶段为20世纪80、90年代改革开放后，现代汉语中又有很多新的词汇和表达涌入；第四个阶段则是新时代翻译和语言接触研究的新发展。在漫长的历史长河中，翻译不但会对文化发生影响，而且会潜移默化地影响语言在语音、词汇、语法、语义、语体等层面的发展。本书以1919年为界，将汉外语言接触研究分为早期汉外语言接触和现代汉外语言接触两个时期。

6.2.1 早期汉外语言接触

我国是世界上翻译历史最悠久的国家之一，而有译籍可供查考的我国初期翻译活动，又是与佛教的传入分不开的(马祖毅1982：83)。佛经翻译是我国有史以来第一次大规模的翻译活动，是中西文化的首次碰撞。我国的佛经翻译从西汉末年开始，魏晋南北朝进一步发展，到唐朝臻于极盛(马祖毅1982：84)。持续了上千年的译经活动，深刻地影响了汉语(沈国威2019)，分别体现在汉语的语音、词汇、文学、语法、逻辑，以及文化等层面。佛经翻译对汉语语言的影响已成为广泛的共识，这也成为汉外语言接触研究的起点。

王力(2005：341)认为，"佛教的传入中国，对汉语的影响是大的"，并将其分为"声明(指语法，包括语音)"和"因明(指逻辑)"。从语言层面来看，佛经翻译对汉语的影响主要体现为拼音反切法和四声语调的出现、永明声律论的提出，以及字母的产生等(闫艳2016)。在词汇方面，出现了通过汉词佛意、意译词汇、梵汉合璧词，以及利用新造汉字组成的词(杜爱贤2000：49)。佛经翻译促进了汉语的双音化进程，利用并激活了汉语固有的四字格模式，使其构词能力大大加强，直接或间接地推动了汉语四字格的蓬勃发展，也促进了新文体的产生(孙艳2005)。此外，在文学性上，佛经翻译对中国文学语言产生很大影响，一部分归功于佛经原文独特的文学性，还有很大部分则归功于译者译笔的文学性(谢天振2009：148)。

关于佛经对汉语语言影响的研究，长期以来多是通过个案研究进行。马祖毅(1982：19)在对玄奘的译经考察中，提到"梵文经本绝大部分不传于世了，否则拿来两相对勘，我们更可从中总结出玄奘的整套翻译技巧。"可见，在20世纪80年代，收集梵语和汉语材料还存在很大的困难。近些年，随着平行语料库的使用，有研究考察了梵语对汉语在部分语法上的影响，研究发现证实了佛经翻译对汉语语言语法层面的影响。总的来看，佛教在完成其在中国的本土化移植的同时，也对汉语语言的发展产生了历史上最为深刻的一次影响。

明末清初时期，西方著名的传教士如利玛窦、汤若望、南怀仁、艾儒略等，为引起中国士大夫阶层的关注，并借此接近士大夫阶层，在发展宗教势力的同时，开始讲学译书，介绍西方的自然科学（贺阳 2008：5）。传教士们和徐光启、李之藻等一批本土学者一起翻译出版了170余种科学书籍，内容涉及数学、天文、物理、地质、生物、医学、军事等诸学科领域，掀起了中国历史上科学翻译的一个高潮（蓝红军 2010）。但这个时期传教士的翻译极具功利性，主要是为传教做铺垫，且翻译方法多为口述给中国的士大夫，并由他们转述，因此在一定程度上限制了语言构成的间接接触影响。从语言层面看，这个时期的科技翻译著作对汉语词汇等方面的注入和影响是很大的。例如，利玛窦的《几何原本》和傅兰雅的《化学鉴原》等著作的出版对现代汉语科技新词的大量产生起到了很大的作用。例如，"微积分""积分"系李善兰创造，一直沿用至今（阮加龙 2014）。

6.2.2　现代汉外语言接触

19世纪末到五四运动前夕，清政府开始向西欧派遣留学生。这些学生学成归国之后，他们所从事的重要事业之一就是通过翻译将西方的自然科学、人文科学和社会科学引入中国，并在1890年到1919年期间，形成了"中国文化史上继翻译佛经之后的第二次翻译高潮"（参看施蛰存1990）。这一时期涌现出了许多著名的翻译家，如严复、林纾等。这个时期的译介主要是对西方思潮的翻译。此后，从1919年到1949年，西方文学作品大量被引介进来，我国一些知名作家开始从事翻译，同时也进行文学创作，出现了翻译和创作并重的情况。欧化的白话也随之出现。

关于20世纪五四运动后，尤其是1919—1949年汉外语言接触的研究，我国学者已有较为详尽的论述，如贺阳（2008）、胡开宝（2005）、朱一凡（2011a、2011b）等。欧化是汉语语法史上的一桩大事（王力 1984：434）。欧化语法概念最早见于王力（1943）的《中国现代语法》，其中指出，欧化句式是因为受到西方语言诸如添加主语、定语繁长等的影响而在语法上发生改变的句子。欧化句式的历史可以追溯到五四运动时期。由于许多语法的改变是受英语语言的影响，曾有人建议使用"盎格鲁-撒克逊汉语"作为这类句子的统称。在这个阶段，汉语中受到欧洲语言影响的语言现象已经从早期的词汇扩大到文法层面。

20世纪50、60年代，我国有关汉语语法欧化问题的专门研究几乎还是空白（贺阳 2008：25）。这个时期专门讨论五四以来汉语书面语言变化的论著有《五四以来汉语书面语言的变迁和发展》（北京师范学院中文系汉语教研组 1959），谈及了新兴语法现象受到的外来影响（贺阳 2008）。1953年中央编译局成立，标志着对马恩列斯著作的翻译进入了新的阶段。在这个时期，苏联文学作品也大量涌入中国，对我国的广大读者产生了广大的影响（方华文 2008）。1954年全国文学翻译工作会议后，国家对翻译重心做出调整，日本文学作品的翻译也因此出现了繁荣景象。这一时期，英美文学作品则处在较为边缘的位置。

自20世纪80、90年代直至当前，英汉语言接触研究领域逐渐形成了独具特色的考察点。根据郭鸿杰（2005），这个时期英语影响汉语的因素主要包括科技革命、义务教育、广播媒体、外国移民等。英语和汉语之间的接触较之先前也进一步加深。从20世纪80年代末、90年代初起，文学及文艺理论著作的译介工作也受到重视，如"二十世纪欧美文论丛书"、《世界文学》《外国文艺》《译林》等都引进了大量优秀的外国文学作品。这个时期通过翻译产生的语言接触较之以前也有明显的增强。

进入21世纪以来，我国学界从未停止对欧化的研究，研究方法不断成熟，研究视角逐渐拓宽，欧化的观念也更加多元。在过去的20年间，翻译和现代汉语变迁的研究逐渐与新的基于语料库的实证方法相结合，涌现出了一系列研究成果。其间，就英语和汉语的语言接触而言，英汉翻译与现代汉语变迁的研究在学界逐渐形成了三条脉络：1）英汉间接语言接触的历史研究（Bolton 2002）；2）英语在语言结构上对汉语的影响研究，包括词汇借用和语法借用（Kubler 1985；胡明扬 1996；）；3）基于语料库的英汉间接语言接触研究(郭鸿杰 2005; 朱一凡 2011b; 赵秋荣 2013; 秦洪武 2016; 庞双子 2018a)。以下就21世纪以来英汉语言接触研究的发展进行分析和阐述。

6.3 英汉语言接触研究概述

为调查以汉语为中心的英汉语言接触研究概貌,我们尝试在中国知网上输入"语言接触""汉语""英语"三个关键词进行检索,得到期刊论文248篇,学位论文380篇,会议论文12篇,总计640篇,时间跨度为1989—2022年。我们根据文献发表的数量(图6.1)对这640篇文献进行计量检索后发现,该领域研究的早期,即1989—2005年期间,每年发文量较少;2006—2011年,每年发文量均在20篇上下;2012—2018年,年均发文量高达55篇,该阶段发文量占总体发文量的一半以上;2019年至今则略有波动,发文量年均30篇左右。据此可以看出,以汉语为中心的英汉语语言接触研究在过去20年间呈现出逐渐走高的趋势,其研究的重要性逐渐被学者关注。

通过对主题词的分析(图6.2),我们不难看出,英汉语言接触的主要研究对象为汉语的借词、外来词、欧化语法、汉语句法、被字句等,涉及的理论多为语码转换、接触语言学、语码复制、类型学等。此外,在研究方法中也出现了语料库以及翻译文本等关键词。

宏观分析后,我们使用Citespace软件对这640条文献进行文献计量检索,筛选条件为1989—2022年文献中,关键词出现10次及以上。我们发现,在早期经典研究中,英汉语言接触的研究热点依次为借词、外来词、字母词等词汇层面的研究;在其后的发展阶段,欧化、语法化等语法层面的研究逐步展开;直至当前业已发展到对语言态度、语言使用的关注。

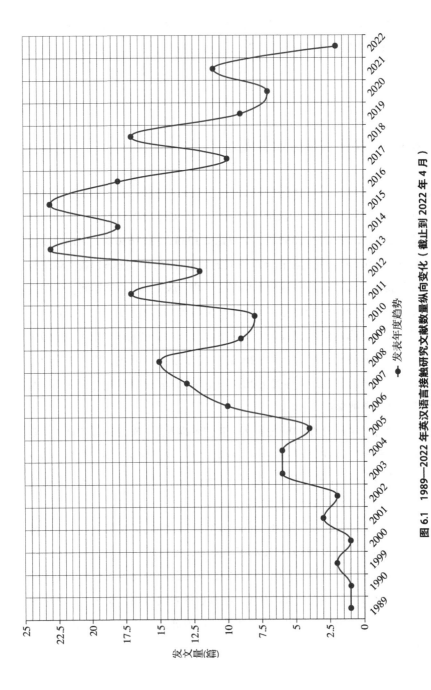

图 6.1 1989—2022 年英语汉语言接触研究文献数量纵向变化（截止到 2022 年 4 月）

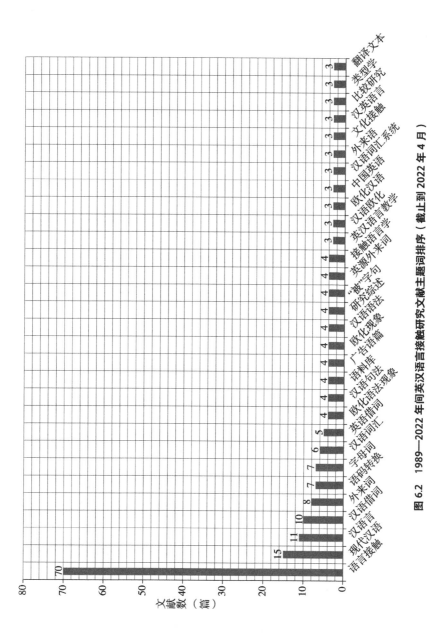

图 6.2 1989—2022 年间英汉语言接触研究文献主题词排序（截止到 2022 年 4 月）

通过聚类分析(图6.3),研究发现,英汉语言接触领域关注的重点包括:1)词汇层面的借词和外来词;2)语法层面的欧化和语法化;3)语义层面的语义演变等。通过以下聚类,可以看到与语言接触研究密切相关的语言为英语,其次是语言态度、语言变异、外来词、翻译等。其中,翻译与语言接触的研究与欧化的研究互相交融,彼此相连。

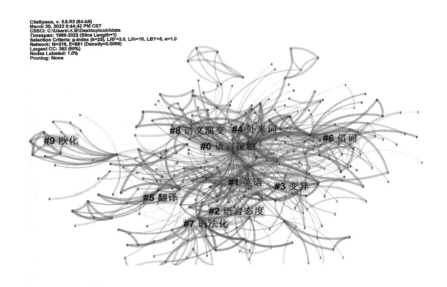

图 6.3　英汉语言接触研究文献热点聚类图

下面我们将考察点定格到"翻译"和"语言接触"两个关键词,得出图6.4所示研究热点聚类,由远及近的关注领域依次为翻译、外来词、欧化、汉译佛典、佛经翻译、借词以及影响史。其中,欧化、翻译、外来词与借词聚合之间的关系更紧密,互相有重叠,关联程度更高,而汉译佛典和佛经翻译和中古汉语研究关系更密切。在我国,翻译和语言接触研究的前身即为欧化研究,外来词、借词关注的均是词汇层面;欧化研究更为关注的是语法层面。欧化研究起步较早,是我国翻译和语言接触研究领域的特色所在，基于语料库的翻译和语言接触研究则是这个课题的延展。因此，本章我们将重点介绍欧化研究的发展脉络和最新发展。

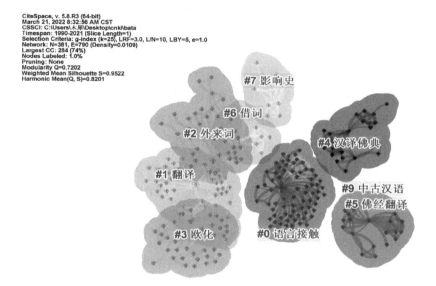

图6.4　翻译和语言接触领域研究热点聚类图

　　在继续沿着时间线对各个聚类的发展脉络进行观测后，研究得到不少的新发现。在语言接触聚类的形成和发展中，涉及的语种有梵语(佛经)、洋泾浜英语、英语、日语、俄语；在翻译聚类的发展中，主要涉及英汉汉英翻译，较早的研究关注的是语言习得、语码转换、句法词汇层面的特点；近来的研究则细化到关注某一具体词类，如话语标记，且多关注汉语变异、语言发展的历时特点，语域主要集中在文学文本；在外来词的聚类中，汉语中外来词研究涉及的外来语语种除英语外，多为地缘上临近的语言，如日语、俄语、泰语等；在欧化的聚类发展中，包括积极欧化与消极欧化；研究对象包含了词汇形态，具体表现为汉语介词、新词、外来语素、句法层面的被动表述等；语域由文学文本拓展至新闻文本。值得注意的是，最近三年由欧化衍生出了日化现象。日化现象也是欧化现象的辅助研究领域，是指现代汉语中一部分词汇或者表述从日文中翻译回流到汉语中。

其中，从汉英方向的传播来看，一方面是指汉语语言在英语国家传播影响的研究，如Andreose（2020）通过收集近两个世纪来一些来华者的旅行记录，构建了语料库，探索其中东方词汇在英语中的表达方式。这种反向考察能够为语言接触的研究提供另一种视角。另一方面，是指有关中国英语词汇的汉语化研究，如20世纪80年代对音译借词和仿译词的研究。前者如silk（丝）、tea（茶）、ginseng（人参）、khang（炕）等传入西方的词汇，后者如soyflour（豆面）、soybean milk（豆浆）、soy sauce（酱油）等，以及一些成语，如to lose face（丢脸）、paper tiger（纸老虎）等（周志培、冯文池1985）。此外，英语中还出现了大量的汉语文化词，如"四书五经"（*The Four Books and the Five Classics*）等（参阅周志培、冯文池1985）。

近年来，中国英语的研究也逐渐借助语料库得以实现，研究层面拓展到词汇、语音、语法、语义。例如，Zhang & Mi（2019）通过语料库考察了中国英语的特点；Xia *et al.*（2016）通过构建中式英语语料库，探讨了适用于中国学生编纂英语词典的方法。

关注英汉语言接触的研究者主要是外语学科和中文学科的学者，以及国际汉学家。在这些学者的推动下，有关汉语的语言接触研究逐渐与国际研究接轨，走进了国际翻译学界的视野。在较早时期的如Kubler（1985：14）将这些影响总结为：名词+性、名词+化、第三人称代词、主语的增加、被动语态的使用、句子长度，以及从句的位置；汉语在正字法上、标点、写作风格等都受到了西方的影响。他认为这种影响因素有三：语言需求、语言优先权、"语言的懒惰"（linguistic sloth）。西方语法变化研究多是集中在形态学层面，比如前缀或者后缀等。就汉语而言，其书面语的干扰现象已经对口语发生了影响（同上：19）。

近些年，Zhou（2013）从词汇借用的角度分析了汉语从英语借入的词汇，探讨了其背后的影响因素，如语言接触、词汇距离和优先权等，并从词汇借用机制进行了分析，划分出三种形式，分别为"原始词汇的复制""混合词汇"和"翻译词汇"。其中，翻译词汇包括"音译""意译""直译和意译""音译和意译一致"等四类。在语法层面，Guo & Chow（2014）通过语料库的考察方法对被字句进行了分析。该研究选取了两个时间段（1750—1791年和2000年至今）的现代汉语的翻译语料和原创语料构成类比语料库，以《红楼梦》语料作为参考，对被字句的语义、句法、语用制约因素进行了层层分析，以实证的研究方法证明了英语对现代汉语被字句的影响，并对其语法化现象做了诠释。Dai（2016）专门探讨了杂合的汉语现象，推进了该领域的国际进展。在这部专著中，他将澳门地区的汉语进行了两个时段（1930—1960年和1970—2000年）的对比，分别从词汇、句法、语篇层面对英汉平行文本和类比文本进行了考察。研究发现，后一时期原创文本的语言特征与前一时期的翻译文本较为相似。

此外，近些年也逐渐衍生出翻译汉语文本特征和语言接触相结合的研究，如Pang & Wang（2020）通过构建20世纪三个时期的英汉平行语料库与汉语原创语料库，以转折性连接词为例对翻译文本的显化现象做了历时的考察。研究佐证了翻译对语言发展的影响，并探讨了背后的影响因素。

6.4 21世纪以来英汉语言接触研究新进展

以汉语为中心的英汉语言接触研究早期主要涉及的是欧化研究。在汉语学界，"欧化"是人们耳熟能详的一个概念，也是难以绕开的一个话题（刁晏斌 2021）。

关于欧化语言的研究在汉语学界和外语学界都有所涉及。就语料库的使用而言，汉语界的研究主要以个案考察的形式或者汉语单语语料的收录为主；外语学界则以双语语料库和类比语料库等多种新型和大型语料库的建设，极大地推动了该领域的研究。"欧化语法现象"既指汉语在印欧语言影响下通过模仿和移植而产生的新兴语法成分和句法格式，也指汉语中罕用的语言形式由于印欧语言影响的推定和刺激作用而得到迅速发展的现象（贺阳 2008：16）。

进入21世纪以来，影响较大的文献如贺阳（2008）对现代汉语的欧化语法现象进行了较为详尽的研究。该研究主要采用对比方法和频度统计等较为传统的量化统计方法，对五四运动以来汉语中的欧化语法现象进行了识别和判定。首先，研究通过对比14世纪到19世纪末的旧白话和五四以来的新白话，确定了五四运动之后才出现的语法现象。其次，研究通过对比当代书面语和当代口语，确定了新兴语法现象中仅仅是一种书面语现象的情况，即旧白话和当代口语中都未出现的现象，假设其受到了外来的影响。最后，研究还在现代汉语书面语中新兴的语法现象与英语等印欧语言语法之间进行了对比。

以汉语为中心的英汉语言接触和欧化研究的新进展主要体现在，随着国内外有关汉语平行语料库和类比语料库的建设，有关汉语欧化语言、杂合语言的研究也得到了极大地推进。下面将就其在词汇和语法层面的研究进展进行回顾。

6.4.1　词汇研究

英汉语言接触对汉语语言影响的词汇研究主要集中在新词、外来词、词典等研究途径。从传统意义来看，词汇研究是语言接触研究的重要区域。近些年，基于语料库的相关研究逐渐涌现，研究方法逐渐成熟，研究成果也愈发丰富。

司佳（2000）通过考察1820—1920年共100年间英汉词典版本的更新及各地新词典的出现，以及字典（词典）中所收录词义的更换、增补、反复等现象，认为这个过程体现了中西方思维的差异和碰撞。这项研究考察了这个时期在中国的欧美学者编写的八种英汉（官话）词典，选取了其中近百个概念名词作为考察对象,将这近百个概念名词按照衣食住行、新职业和新制度、新学科和新术语进行分类,并对其译名的产生机制进行了分析,诠释了五种翻译现象,即由音译到意译、由意译到音译、生造词、移义词和过渡词。研究通过不同时期的词典考证了英文philosophy一词的收录演变情况,发现"哲学"一词进入英汉字典已经是20世纪的事了,在德国人赫墨龄1916年的《官话字典与翻译手册》里出现哲学,子学,并记哲学家为部定词。在此前的字典中,一概将philosophy解释为道、义理之学、性理、格物穷理之学、博物理学、理学等,偏重在中国传统哲学中的心性、性理方面(司佳 2000:66)。这项研究虽然没有建设语料库和进行实证方面的统计,但对收集到的100个概念词进行了汇总和分析,笔端考证较为翔实、全面。

胡开宝(2005)从英汉词典历史文本出版的特殊翻译文本和权威文本等属性视域,结合个案分析,详细阐述了英汉词典历史文本对现代汉语进程的影响。该研究选取了四部权威性较高的英汉词典,分别为《商务印书馆华英词典》(商务印书馆 1913)、《新式英华词典》(中华书局 1918)、《综合英汉大词典》(商务印书馆 1928)、《英汉模范词典》(中华书局 1929),对其中的外来词进行了统计,发现这些词典所收录的同时期或过往历史时期的外来词占据所考察词汇总数的半数以上,且在一定程度上推动了汉语词缀化的发展。研究认为,该时期英汉词典有效推动了外来词译名的规范和统一,并因此成为吸收、规范并传播英语语言成分的重要介质。

夏云、卢卫中(2016)就英汉语言接触对中文法律语言变化的影响进行了一系列的综述。有关法律翻译文献对汉语发展的影响,当前主要集中在词汇层面。法律翻译直接影响着中国现代法学的建构与生成,与法律话语和法律理念的建构与变迁之间存在深层次的内在关联(夏云、卢卫中 2016:74)。该研究就法律翻译对汉语的影响从术语探源、新词的形成与流变、术语翻译与规范化进行了综述,并认为目前的研究主要集中在20世纪初期,对当代法律语料的关注不足;关注较多的是词汇影响,而缺乏对句法、语义信息等方面的关注。此外，从研究方法上看，利用海量语料、采用经验主义研究方法对法律文本的研究寥寥无几。

6.4.2　语法研究

由于缺少语料库的支持，早期的英汉语言接触与汉语语法变化的研究多是在个案研究的基础上进行。近些年，随着语料库技术的发展和语料库翻译研究范式的使用，基于实证方法的语言接触研究逐渐兴起和发展。研究通过自建语料库或运用现有在线语料库的方法，涌现一系列有价值的研究成果。

20世纪末期，关于英汉语言接触研究较具影响力的如英语对中国香港书面汉语句法的影响，从语言接触的角度探讨语言的变化。石定栩、朱志瑜（1999）收集了1998年香港影响较大的三份报纸，探讨了在英汉语言接触下，汉语语法的词汇转类现象，主要包括：1）形容词、名词用作动词，如"简报"这次袭击、"标签"成罪大恶极的坏人、"低调"自己等；2）名词、动词用作形容词，以及动词、形容词用作名词等。研究结果认为，语言变异涉及多种原因，包含社会文化心理和语言等因素。从语言内部来说，英语语序对汉语的影响和干扰是一个重要原因，翻译是造成这种变异的主要途径。

近些年，以语料库作为研究方法的相关研究也逐渐出现。何烨（2004）对欧化汉语研究的没有局限在民国时期，而是探讨了改革开放以来的20年间，汉语在受英语影响下的词汇和句法层面的变化。该项研究对1956、1982、2000等三个年份的《北京青年报》进行了历时语料的分析，从汉语的句法层面、长定语和中心名词的考察点进行了考察，旨在证明改革开放以来英语对汉语的影响不仅涉及词汇层面，还波及汉语的句法层面。

郭鸿杰、韩红（2012）通过类比语料库考察了"被"字句的使用。该研究以《红楼梦》语料库作为参照。此外，还创建了原生汉语语料库和翻译汉语语料库，文本类型为小说，时间跨度为2000—2010年，对三种带标记的被字句句法手段，即"被"字句、非"被"字句句法手段(叫、给、为…所)、词汇手段(让、挨、受、遭)进行了考察。三类标记被动句的频率显示，原生汉语文本和翻译汉语文本中用词汇手段标识的被动句在使用频率上相似，无显著性差异；但被字句是三类有标记的被动句中最重要的表达手段，其使用频次在三类文本中却呈现出差异。被字句的语义韵在三个语料库中所表现的差异显示，英汉语言接触之后，表示积极或中性语义韵的被字句显著增加。这项研究发现，现代汉语被字句的使用频率较英汉接触前有了显著增加。被字句的语义韵、句式分布、受事指称特点、施事信息类型等方面呈现出明显的变化。但是，被字句并没有完全脱离汉语语法的约束，语言接触作为"催化剂"，诱发并加快了被字句的演变过程。

石毓智(2021)基于北京语言大学BCC语料库，对"进行时"做了基于英汉语言接触角度的探讨。该语料库总字数约150亿字，包括报刊(20亿)、文学(30亿)、微博(30亿)、科技(30亿)、综合(10亿)和古汉语(20亿)等多领域语料。该研究首先对汉语和英语的进行体进行了比较。进行时本是一个指示英语语法范畴的名词术语，却在当今汉语中用来表达有关的语法意义，具有名词性、动词性和助动词性等多种语法功能(石毓智2021：15)。英语中进行时包括四种语法功能：(1)指示在某一时刻动作行为正在进行之中；(2)蕴含动作行为尚未到达的结束点，由此引申为表达长期持久而不会终结的动作；(3)用动词的现在分词形式构成状语从句；(4)与静态的属性词语搭配，表达临时、短暂的具体动作行为。汉语"进行时"这个词也同样具有这几种表达功能。研究进而对这个词在汉语中的使用动因做了分析。首先，该词的使用会受到构词语素的影响，如后面只能跟多音节的词汇等；其次，它的用法受汉语语法体系的影响，尽管是英语进行体的表达功能，但在语法形式上则是完全汉化的，如不能与"是"字共用，句尾不带语气词等；以及受使用范围和使用语体等因素的制约。研究结论认为，该词的语义特征和句法行为是英语语法和汉语语法相互作用的结果。这一研究对语言接触可能导致的语言变化做了较为细致、全面的分析，具有启示作用。

以上均是从英汉语言对比角度进行的语言接触考察，较少涉及翻译。在探讨英汉语言接触和语言变化的研究中纳入翻译元素进行考察，较早的有王克非（2002）从三个语法层面论证了近代翻译对现代汉语发展的影响。此外，李颖玉（2010）、朱一凡（2010）、赵秋荣（2013）等通过语料库和案例相结合的考察方式对翻译与现代汉语变化的变迁做了初步的探索。随着研究方法的日渐成熟和多样化，翻译和语言接触领域的研究逐渐走向更为广阔的学术舞台。例如，Dai & Xiao（2010）结合语料库翻译的方法对英汉翻译中源语透过性进行了考察。戴光荣（2013）通过语料库翻译研究的方法，将语际对比与语内类比相结合，对源语透过效应研究的理论依据、研究方法、研究现状作了系统的梳理，并从多个层面探讨并解释了英汉翻译中存在的源语透过效应。秦洪武、夏云（2017）采用类比语料库和平行语料库结合的新方法，探讨翻译对现代汉语的影响以及现代汉语对翻译中语言运用的制约作用。这项研究发现，现代汉语在历时发展过程中最明显的变化表现在结构容量、结构构成和话语组织方式上，并认为这些特征都与同期翻译语言的特征相似。庞双子（2021）通过构建新型语料库，运用多元统计的方式，考察了20世纪30年代、60年代、90年代三个时间段的文学翻译文本在语体、词汇和语法上的语言表征，并对英语源语文本、汉语翻译文本、汉语原创文本以及未受翻译影响的汉语原生态文本之间的相互关系进行了系统连续的考察，为翻译与目标语语言发展的考察提供了新的研究路径。这些研究通过建设历时语料库，结合最新的实证统计方式，取得了一系列的研究成果，推进了该领域的发展。

在话语标记的研究中，卢越、李炎良（2018）从英汉翻译文本和汉语原创文本中的话语标记分析入手，探讨了英语对汉语语篇组织方式的影响。该研究采用了语料库方法，相关语料选自财经和科普领域的文本。研究对两个英汉历时翻译平行语料库（时间跨度分别为2001—2002年和2015—2016年）进行对比分析，以自建当代汉语原创文本语料库（时间跨度为2015—2016年)为参考，考察汉语原创文本与不同时段的汉语译文之间在语篇组织方式方面的异同。该项研究表明：(1)汉语译文的语篇组织方式经历了从本族语特征显著到基本顺应源语的过程；(2)汉语原创文本开始显示出由因果推理的归纳性趋于细节分析的演绎性的特征；(3)本族语言与英语之间形合与意合的界线开始变得模糊，汉语思维方式正在向逻辑分析发展。

朱冠明(2020)对现代汉语中的"意味着"和"是时候VP了"进行了考察，主要是通过个案研究的方法，对两个句式的范例进行了分析，并且通过列举日汉翻译译文进行比对。研究认为，"意味着"是欧化和日化两者共同作用的结果，"是时候VP了"则是对英语句式的模仿，跟日语无关。赵秋荣、王克非(2020)通过历时复合语料库(时间跨度为1915—1949年)考察了"一个+修饰语+的+名词"的使用。研究中使用的语料库库容约为140万字/词，参考语料库约500万字。该研究对翻译汉语和原创汉语中定语的平均长度等做了统计分析，发现相对于旧白话，五四运动后短时间内现代汉语白话文的定语长度增加、容量扩展。研究进一步从语言接触、汉语自身的作用、大脑记忆、类型学等层面做了诠释。

此外，巩雪先、黄立波(2019)对汉语译文中的句首介词"在"的欧化语法使用进行了基于语料库的考察。该项考察主要基于浙江大学汉语译文语料库(ZCTC)和兰卡斯特大学的汉语原创语料库(LCMC)。之后借助Babel汉英平行语料库分析汉语译文中的句首介词在欧化用法产生的原因。研究对这些语料库中的新闻、通用、学术和小说等四类文本类型语料做了数据统计分析。研究显示：(1)句首介词"在"在时间类词、地名及部分其他类词前过度使用；(2)介词结构容量有增加的倾向，介词结构相对更长更复杂，欧化明显。通过进一步对Babel平行语料库的考察，结果表明译文中的句首介词"在"大多是对应翻译原文产生的。研究进一步对其欧化成因做了分析，研究结果表明，汉语和英语基本句法关系的相似与具体用法的差异为汉语欧化创造了空间；从翻译角度而言，译文中的句首介词"在"的过度使用以及介词短语结构容量的增加，主要是译者对译原文介词短语或其他形式状语成分的结果。此外，研究还从语言系统差异、翻译过程和语言接触等角度对句首介词现象做出了解读。

6.4.3　关于翻译汉语欧化特征

基于语料库的汉语翻译文本特征研究也是以汉语为中心的英汉语言接触研究中一项有特色的分支。20世纪90年代末期，缘起于欧化语言探讨的翻译汉语的特征与逐渐兴起的语料库翻译研究相互结合，得到了较大的发展。近20年来，关于汉语的翻译特征研究逐渐成为国内外语料库翻译研究较为活跃的地带。

这一领域的实证研究，较具代表性的研究有胡显耀（2006），王克非、秦洪武（2009），王克非、胡显耀（2008、2010）、胡显耀（2010）、戴光荣（2013）、Wang & Qin（2013）等。近些年，该领域研究逐渐从共时拓展到历时，从文学拓展到多种文本类型，从平行或者类比的单独研究拓展到二者结合的复合研究，从绝对频率的考察拓展到多元性的统计。例如，朱一凡、胡加圣（2017）对新闻体裁的翻译文本和原创文本中的词簇进行了比较。研究表明，从结构上看，新闻汉译语料中同位语结构的四词词簇要远远多于原创汉语。从语用功能上看，新闻汉译语料中表指示功能和评价功能的四词词簇都呈现出不同于原创汉语的特点。徐秀玲（2018）通过使用类比语料库和平行语料库的复合考察模式，探讨了翻译汉语中"这/那"的回指特点。研究表明，翻译汉语中"这/那"回指的整体使用频率高于原创汉语，呈现出回指显化的特点，是译文衔接显化的一种表现，但不同回指类型的显化程度不同。翻译汉语中"这/那"回指的高频使用，主要源于英汉在指示系统和句子结构上的差异；不同回指类型的显化程度有所差异是受到了多种因素的影响。

更为重要的是，近些年也出现了对20世纪不同时间段的历时考察，研究考察点也逐渐从虚词拓宽到实词、短语等结构，从对显化特征的关注，过渡到对诸如规范化等其他特征的考察。第三语码的汉语研究逐渐拓展，越来越多的研究承认翻译文本的复杂性，视其为受限制的语言变体，认为其形成和变化会受到多种因素的制约。

例如，庞双子、王克非（2018a）首次通过构建20世纪三个时间段（即20世纪30年代、60年代、90年代）的英汉平行语料库，运用实证统计的方法对翻译汉语宏观显化特征进行了考察。研究结果显示：（1）翻译文本的词汇类型逐渐增多，信息密度增加，词汇由单一走向多样，语义精确度提高，罕用词由分散走向集中；（2）不同时期的翻译文本中连接词和代词的使用频次整体略呈下降态势，语篇衔接形式显化程度有所下降；（3）平均句段长、标准型次比等指标上升，语义显化程度有所加强。该研究认为，语言接触强度、文本标准化程度以及社会文化语境对语体等语言形式持续发生作用。

在考察的方向上，胡加圣等（2021）通过自建专门短语语料库，采用源语和译语双向的研究路径，分析英语短语的翻译模式以及制约机制来验证翻译文本的范化假设。研究发现，翻译文本的范化特征在不同翻译文本中并无显著性差异，译者性别和文本特征对翻译过程具有显著的制约。庞双子（2021）通过构建新型语料库，运用多元统计的方法分别考察了20世纪30年代、60年代、90年代三个时间段的文学翻译文本在语体、词汇和语法上的语言表征，并对英语源语文本、汉语翻译文本、汉语原创文本以及未受翻译影响的汉语原生态文本之间的相互关系和变化进行了系统的、连续的考察，进一步探究了翻译与原创汉语语言发展间的关系。徐佐浩、蒋跃（2021）通过检索LCMC、ZCTC以及布朗语料库等三个语料库的在线版本，考察了翻译汉语的活动度，从翻译文本的动态和静态的角度对其本质特征进行考察。研究发现，翻译汉语的活动度在各种体裁里的分布曲线不如原创汉语和原创英语的活动度那么陡峭，这也从一个新的角度证明了翻译汉语特征在不同体裁文本中变化的相对稳定性。以上研究都成为推动翻译汉语向前发展的新生力量。

6.4.4 欧化汉语研究的发展态势

综合以上，我们对国内翻译汉语和语言接触研究领域较具影响力的文献，即中心中介性大于0的文献，进行了计量统计分析。结果表明，当前关于欧化汉语的研究逐渐呈现出以下焦点：欧化语法史的史学构建；基于内部统一的大型历时复合语料库的研究；不同语类的历时研究。例如，刁晏斌（2021）提出构建汉语欧化语法史，提出了"汉语欧化史"概念，提升了汉语欧化在当前学界的地位。他认为，汉语欧化史并非基于传统认识所作的划分，而是内涵非常丰富，同时也是非常独特的语言史类型。这种观点和主张在理论层面为汉语的欧化研究指明了方向。庞双子、王克非（2018a）通过对20世纪三个时期翻译文本的历时考察，勾勒了翻译文本显化特征的历时发展，并将其与语言接触研究相互结合。这种跨领域的结合也成为该领域发展的一个趋势。

此外，由肖忠华教授发起的"基于语料库的语言对比和翻译研究国际会议"（Using Corpora in Contrastive and Translation Studies，简称UCCTS）到目前已经举行了六届，我国的"全国语料库翻译学研讨会"亦然。这些国际和国内范围学术会议的召开在很大程度上推动了这个领域的发展。随着学界对翻译文本特征动因的探索，无论是社会文化层面，还是社会认知层面，这样的探索都同样推动着翻译汉语和语言接触研究的发展。近几年，围绕翻译汉语特征的考察也逐渐呈现出历时和认知两个考察方向。关于翻译汉语和语言接触的研究当前主要集中在文学文本，也有朝向新闻文本、法律文本和更多文本类型拓展的发展趋势。

6.5 案例分析

在本章的案例分析环节，我们分别以Dai & Xiao（2011）的《翻译语言的源语透过性：基于语料库的英汉翻译视角》（"SL shining through" in translational language: A corpus-based study of Chinese translation of English）以及 Pang & Wang（2020）的《透过翻译的语言接触研究：英汉翻译显化特征对现代汉语语言变化的影响》（"Language contact through translation: The influence of explicitness in English-Chinese translation on language change in vernacular Chinese"）一文作为个案分析，探讨基于语料库的英汉语言接触的研究路径。

6.5.1　翻译语言的源语透过性研究案例：Dai & Xiao（2011）

本项研究主要从英汉翻译的视角对翻译文本特征中的"源语透过性"特征进行考察，是我国在语料库翻译研究兴起时期的前驱性研究之一。"源语透过性"是 Teich（2003）提出的术语概念。其对应的假说为：在目标语的译本中，翻译更倾向于使用源语的特征，即源语透过性效应（Teich 2003：207）。本项研究基于类比语料库和平行语料库对英汉翻译中的被动句进行考察，旨在从非欧洲语言的角度来看翻译语言的源语透过性。

Frawley（1984）认为翻译文本可以视为第三语码。该文首先对翻译文本的特征做了简单的介绍，如翻译文本的简单化、显化、规范化、净化、呈现不足、净化等。随后，该文对翻译文本共性研究中存在的问题做了归纳：（1）用来检验翻译共性的手段都是语言的表层，深层次语言考察阙如；（2）翻译文本的研究多是建立在基于类比语料库的研究之上，忽略了这些特征会受到源语特征的影响。

Dai & Xiao（2011）的创新之处在于通过平行语料库和类比语料库相结合的研究方法，对英汉翻译的源语透过性进行考察。研究思路为，通过类比语料库确定翻译文本和非翻译文本之间的类别并对翻译文本的特征进行检索，随后通过平行语料库对其源语透过性的程度进行分析。

该项研究语料库的建库主要是通过在线语料库的组合完成。其类比语料库由兰卡斯特现代汉语语料库（LCMC）和浙江大学翻译汉语语料库（ZCTC）构成。这两个语料库仿照 FLOB 语料库的模型建设而成，包括15种

文本类型。两个语料库库容均为100万词，所收录语料的出版年代均为1990
年前后。在平行语料库的考察环节，研究主要使用了Babel英汉平行语料
库和北外通用汉英平行语料库（GCEPC），两个语料库均已经实现了句级对
齐。Babel英汉平行语料库收录了327个英语篇章和对应的翻译，其中115篇
来自2000—2001年的《英语世界》（*World of English*），其余212篇来自同时
段的《时代周刊》（*Time*），库容共计英文253,633词，中文287,462字。北
外通用汉英平行语料库库容共2000万字词，包括文学和非文学两类文体。

在讨论环节，该研究检索统计了类比语料库中的被字结构，结果如图
6.5所示。对翻译汉语和原创汉语的统计表明，这两者在被字句的使用上
具备显著性的差异，且前者高于后者。通过具体文本类型的分析，这两者
显示出不同的差异性，如在说明性文类中，被动语态使用频次更多，而在
想象类文本中，使用频次则较少，唯一具备显著性差异的则为悬疑和侦探
小说类。这种现象大概源于在悬疑和侦探小说文本中，经常会阐述不幸或
者被犯罪分子关注等情形，因此"不幸"语态使用较多；在说明性文本诸
如新闻或者散文中，用语较为正式，英语源语中也是大量使用被动语态。
研究认为，这些现象是由于英语源语的透过性造成的，因为一些被字句的
使用，有时候在汉语本族人的口语中是可以省略掉的。

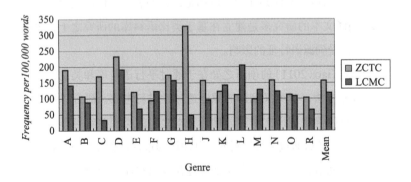

图 6.5 LCMC 和 ZCTC 语料库中被字句使用频次的对数似然率检测（引自 Dai & Xiao

2011：12 ）

接下来，在平行语料库考察的第一个环节，研究使用了Babel语料库，通过对526个语言对进行处理，发现其中446个是由英语中的被动结构翻译而来，比率约占85%。这与Teich（2003）的假说如出一辙。在平行语料库考察的第二个环节，作者对北外通用汉英平行语料库同样进行了检索。研究结果显示，在553个句对中，有405个句子中的被字句的使用来源于对应的英语源语，比例达到73%；在非文学类文本的考察中，在768个句对中有712例来源于英语，比例高达93%。这表明，被字句在非文学作品中较之文学作品受到英语源语透过性影响更大。据此，本项研究通过实证统计的方式引领了国内关于英汉翻译视角下源语透过性的研究，开启了国内关于源语透过性研究的探讨。

6.5.2 衔接词显化特征的语言接触研究案例：Pang & Wang（2020）

该项研究主要以转折型连接词为考察点，通过构建新型历时复合型语料库考察了翻译和现代汉语在20世纪三个年代之间的关系。

研究首先对英语和汉语中的转折连接词进行了分类，并对相应词项做了提取。所建设的新型历时复合语料库包括历时平行语料库和历时类比语料库，并将20世纪初未受翻译影响的汉语语料建设成参照语料库。语料库主要收集文学语料，三个时间段分别为1927—1937年，1956—1962年和1987—1997年，每个时期的翻译汉语和原创汉语各100万词左右，清末民初的语料约为40多万字。总库容为将近1000万字词。这三个时期的选择主要源于：第一个时间段，即五四运动后的20年间，是现代汉语发生和成长最为重要的时期；第二个时间段，新中国成立后，现代汉语又有了新的发展；第三个时间段为改革开放后，我国与英美文学之间新的接触促使了现代汉语连续性发展。这三个时期的年代时间主要以语料库获取为准。

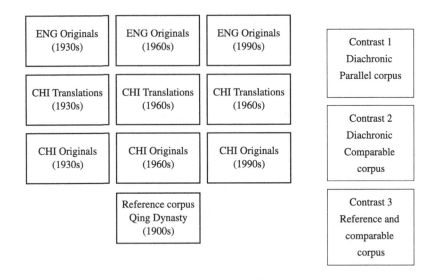

图 6.6　新型历时复合语料库的构成（引自 Pang & Wang 2020：431）

　　研究步骤主要分为基于平行语料库和类比语料库的考察等两个环节。在平行语料库的考察环节，研究使用BFSU质性标注软件对其显化、隐化、对应等进行标注和统计，判断源语透过性；在类比语料库考察环节，对汉语翻译文本和原创文本在连接词的使用频次上进行分析。在统计环节主要使用了对应分析的研究方法。对应分析特别适合于多分类变量的研究，以两变量的交叉列联表为研究对象，利用"降维"的方法，通过图形的方式直观揭示变量不同类别之间的联系。

　　在分析环节，通过对平行语料库的检索发现，显化和隐化现象在三个时期逐渐下降，对应的词频逐渐增多，这也表明三个时期英语源语的透过性有所增多。但是翻译文本中对应词汇的增多，还有可能是因为英语源语中本身词汇的频次造成。通过对英语源语和翻译文本三个时期的对应分析，翻译文本中词汇的变化并不是由于采样中的频次多少导致。

　　在类比语料库的环节，研究对汉语翻译文本和原创文本三个时期的连接词使用做了对应的统计分析，研究结果如图6.7。研究发现，翻译文本（TC1、TC2、TC3）和原创文本（CC1、CC2、CC3）分布在不同的上下两个象限，具备异质性。从可视化的图示来看，TC3和CC3之间的距离在这三个时间最近，其次为TC1和CC1之间的距离，TC2和CC2之间的距离最远。据此，我们推测第一个时期和第三个时期翻译和原创两类文本在该类连接词使用上的聚合程度超过了第二个时期。

通过以上分析，我们能够判定语言接触在翻译文本历时发展中的不同作用，也对翻译共性做了历时角度的探讨，并发现了两类文本中所体现的现代汉语发展的口语化趋势。

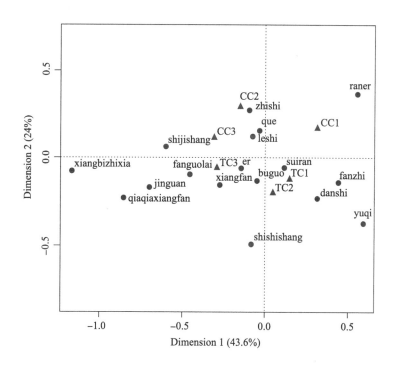

图 6.7　汉语翻译文本和原创文本转折连接词使用的对应分析

（引自 Pang & Wang 2020：443）

6.6　小结

　　本章主要对基于语料库的英汉语言接触研究做了回顾和阐述，并对其代表性案例做了考察。首先，本章对汉外语言接触的不同阶段进行综述，重点考察英汉语言接触研究的发展，并从英汉和汉英两个角度进行了阐述。随后，本章着重对21世纪汉语的欧化研究进展从词汇和语法两个层面做了分析，并简要回顾了国际学界欧化研究的进展。最后，本章对基于语料库的翻译汉语特征研究新进展做了阐述。在案例阐述环节，本章分别以Dai & Xiao（2010）和Pang & Wang（2020）两篇相距10年的研究作为典型案例，进行了分析，也是对该领域继承和发展的一种勾勒。

第七章 基于语料库的翻译和语言发展变化动因研究

7.1 引言

　　本章主要聚焦前文所述现象，讨论翻译引起的目标语语言发展和变化的动因。本章将分析这些动因，并辅以典型案例作一探讨。Matras（2009：3）认为，接触是一个暗喻，因为语言系统并不会直接互相接触和影响彼此，接触的发生区域实则是个体多语者的语言加工机制，以及该机制在交际交互反应中的应用。因此，多语者之间的互动作用以及影响这些作用背后的因素才是语言接触研究值得关注的问题。当前，基于语料库的语言接触所引起的语言发展和变化研究，其动因大致有三个：语言因素、社会因素和认知因素。除此之外，我们认为还有翻译因素，故将此单独归为一类，以期对其进行更为细致的探讨。从目前的研究看，对语言接触引发的变化及其动因的诠释，历史语言学家、变异语言学家及实证语言学派仍莫衷一是。

　　追本溯源，Thomason（2001）首次较为系统地探讨了语言接触引起的语言变化的预测因素和内在机制。该研究认为，这些预测因素主要来自语言和社会。语言预测因素包括普遍标记性（universal markedness）、语言特征与语言系统的融合程度、源语和目标语的语言类型学距离；社会预测因素包括接触强度、语言不完整模仿（imperfect learning）、言语者的态度。语言接触引起的语言变化机制可分为：编码转换、编码替代、被动熟悉、协商、二语习得策略、母语习得效应、有意决策。此外，Myers-Scotton（1993）认为，语言接触现象之间的相似之处在于多语者头脑中具备相同的认知过程。由此可见，认知因素也构成了语言接触引起语言变化的影响因素。

在翻译领域，Kranich, Becher & Höder（2011：18）借鉴和拓展了历史语言学中的语言接触理论，将适用于口语者之间的语言接触理论延展到笔语，并对透过翻译的语言接触研究进行了类型划分，归纳了潜在影响这种语言变化的社会政治、文化和语言因素，包括译者的倾向、接触的强度、接触的长度、社会政治主导关系、源语的优先性、对源语的态度、目标语语言的标准化程度、目标语语言文本类型的发展程度、语言类型的近似度，以及特别语言项之间潜在的功能对等等诸多因素。

7.2　语言因素

有关透过翻译的语言接触研究，从语言因素的动因来看，主要有语言类型视角和语言内部的发展视角。其中，前者更受关注。Thomason（2001：74）认为，在前文所述的三项语言因素中，标记性最为重要，由于标记性很难被习得，因此也较难进入另外一种语言。因此，在借用现象中，标记性处于不太被关注的位置。一种语言系统中比较牢固的语言特征很难被借用和转移到另外一种语言，如屈折性的词形，因此这种形式对另一种语言的干扰要滞后于一般的语法现象。语言类型学上的预测是，即使某项语言特征标记性强，且牢牢处于一种语言系统中，但如果发生在两种相近的语言系统，彼此也会发生互换现象。不过，Thomason（2001：77）认为，将语言因素和社会因素两相比较，后者更为重要，有时还会将前者拉向相反的方向。在语言的借用等级中，通常认为词汇会先于结构被借用；非基础词汇容易被借用，如新的名词或者动词；语音和句法结构次之。与Thomason（2001）观点相左的是，Danylenko（2001：260）认为，词汇类型的相似度在语言接触的情境中比社会语言参数更为重要，除非不同语言类型的语言有这种变化的趋向，否则社会因素很难起到作用。

具体而言，透过翻译的语言接触多是从语言类型学的因素进行内部动因分析，既包括共时考察，也包括历时考察。透过翻译的语言接触对语言变化的影响，从语言内部动因来看，共时因素主要包括目标语语言的标准化程度、文本类型的发展程度、语言类型的近似度，以及特别语言项之间潜在的功能对等因素等；历时因素涉及语言自身的发展，以及进化中的对等因素等。

Heine & Kuteva（2005：72）认为，在语言接触中，一些语法现象是否会发生，主要是语言类型学的差异所致。在两种语言的借用或者复制中，对等的词汇通常会被优先使用。就语法复制而言，一种语言中的结构可以在另一种语言中找到对等的成分，即可称为对等。例如，一种语言中的不定式结构在另一种语言中与某个名词成分对等。又如，Johanson（1998：332）提及，波斯语中不定式的联合性特征经常会被南部阿塞拜疆语复制为名动词。

Kranich, Becher & Höder（2011）通过对两种不同的语言对进行了透过翻译的语言接触比较，对影响翻译触发语言变化的各种因素进行了分析和归纳。研究选取了两种语言对进行语言类型层面的考察：一为拉丁语与古瑞典语；一为英语和德语。中世纪后期的瑞典语融合了古瑞典语、中世纪拉丁语（当时作为通用语），以及中古低地德语。这个时期的古瑞典语逐渐发展成文学语言。迄今为止，15、16世纪的书面语接触主要是通过经院团体传播的。这些经院团体构成了拉丁语和古瑞典语语言接触稳定而集中的场域。然而，译者们的语言规范和对规范的觉察则是缓慢形成的。当时的拉丁语具有宗教性优先地位，且较之当时的白话语言更有逻辑性，也更有阐释力。

在古瑞典语的早期（1200—1400年），翻译文本通常采用了意译的策略。译者更倾向于追求源语和目标语之间的功能对等，而不是形式对等。但在晚期（1400—1526年），译者则更倾向于追求形式对等，尤其是在文本结构和信息组织上的对等。这种策略使得晚期的翻译文本较之早期的翻译文本有很大不同，呈现出如高信息密度、指代层面的高显化度等特征。这也需要译者进行语言创新，这种创新则会引起语言的变化。Kranich, Becher & Höder（2011）的研究将公元1400年之后拉丁语和古瑞典语的接触情境归纳为：翻译策略偏重显性；源语拉丁语占据优先位置；源语和目标语语言之间的接触强度高；目标语语言的标准化程度较低；古瑞典语的相关文本类型尚未建立。此外，两种语言虽然不是连接紧密的语言谱系，但语言类型相近。该项研究的研究结果表明，古瑞典文本中进行了句外和句内的语码转换以及高频率的词汇转换。此外，古瑞典文本中也出现了一些由于拉丁语影响而产生的语法变化。

在英语和德语语言对的比较上，Kranich, Becher & Höder（2011）以1978—1982年和1999—2002年这两个时间段英德翻译对德语的影响作为例证，探讨了文本类型的成熟程度是否会构成影响因素。研究选取了商业交流和科普作品这两类发展时间不长的文本类型，并建成了包括英语源语文本、德语翻译文本和类比的非翻译德语文本等类型的语料库。第一，这是由于翻译的形式是隐性的，源于这种科普类的文本符合德语的交际优先性。第二，英德语言接触强度高，且有很长的接触传统。第三，由于英德长期的政治联盟以及英语作为世界通用语的地位，英德翻译成为了德语语言的一种模板。第四，德语长期的文学传统使之成为高度标准化的语言。第五，尽管英语和德语在语言类型上接近，但已经发生了偏离彼此的变化（Kranich, Becher & Höder 2011：29）。这项研究的考察点涉及言者–听者指示语、情态表达、句首连接词的表达等与语用规范有较强关系的词。

在考察影响因素环节，该项研究比较了上述拉丁语–古瑞典语和英语−德语这两个语言对在词汇影响、词形变化、句法变化、语用/文体变化、显化变化等语言层面的异同。这两个语言对的相同之处在于，源语在其所处的社会中都具有优先性，对源语言有较好掌握的成员在社会中占据重要的位置；不同之处在于，古瑞典语由于在语言接触时还未形成标准，在与拉丁语接触的过程中书面语体逐渐演变，而德语的书面语体已经完全标准化。这两种接触情境的不同主要源于标准化程度的不同，体现在语言表层则是德语文本只显示出了英文对其语用和文体特征上的影响，而词形和句法未受其影响，原因在于这种已经建立起的标准阻止了这些层面的渗透，如德语译者从不会偏离德语的词汇顺序习惯等。在语用和文体特征中，如句首连接词的使用不会被阻断，因为德语在语用和文体上的标准化程度略低，译者对这种文本类型中使用怎样的方式没有清晰的认知。

此外，该研究提出了十项假说，并以两种不同的语言对为例，进行了语言类型的比较。这十项假说分别为：(1)词汇借用比结构借用更为普遍；(2)结构借用只局限在语法借用层面；(3)语言学的多个层面都有可能受到翻译的语言接触影响(语音除外)，包括词汇、句式、语用层面等；(4)结构借用大多发生在语言类型近似度上具备类比功能的源语语言和接受语语言上；(5)源语结构对接受语言的影响取决于双语者的对等概念，这些对等关系需要有一定的建构基础；(6)透过翻译的语言接触和普遍性的接触情境具备相同的外部影响因素；(7)选择的决定性因素由社会因素、态度、规范建立的程度决定，即由一种语言整体或者某种特别的翻译文本类型的标准化程度决定；(8)如果接受语社群没有普遍接受的书写标准，源语对接受语的影响则最强；(9)一种文本类型的标准化程度越低，源语对接受语影响的可能性就越大；(10)在翻译充当接受语言语篇产出模型的情形下，产出的语篇与翻译文本呈现出相同的趋势(如更加显化，而不是隐化)(Kranich, Becher & Höder 2011：14)。

研究结果显示，这两个语言对并不完全支持假说(1)，但不可否认词汇借用在很大程度上发生；假说（2）没有得到证实，因为在拉丁语和瑞典语的接触情境中，目标语语言的改变也发生在词形层面，并且将持续发生影响；假说（3）得到证实；假说（4）和（5），即涉及相似语言类型的假说，研究结果显示这两个语言对并未形成强烈的反差。而假说（6）—（9）有关语外因素的重要性，研究初步认为，源语的优先性是源语特征采纳的必要前提；目标语语言的标准化程度对源语的潜在影响至关重要；两种语言类型中的文本的标准化程度影响相当，主要取决于译者对目标语文本理解的观念。至于其他语言外因素，如社会的双语制程度和接触的强度还有待更多文本类型的参与和验证。假说（10）在拉丁语和古瑞典语语言对的情形中得到验证，在英语和德语中则未得到证实。

除了以上因素外，翻译触发的语言变化还包括语言的自身发展规律，即 Sapir（1921：150-155）所述的"语言沿流"（drift）。这种"语言沿流"包括语言自身发展的简单化趋势、口语化趋势等。语言类型相似的两种语言，如果其中一方发生了借用现象，可能源于多种因素，包括语言继承、语言接触，也有可能是随机性导致。

支持语言内部因素起作用的研究，较具代表性的是 Becher（2009）和 Bisiada（2013）。Becher（2009）对德语翻译文本和原创文本中的 damit 一词进行了历时性源语透过性的考察，发现在考察的两个时间段，即 1978—1982 年和 1999—2002 年，德语翻译文本中的词汇频次呈现出下降的趋势，原创文本中的词汇频率则呈现出上升的趋势，这与研究假设相悖。Becher（2009）的研究认为，德语翻译文本中的转折连接词 damit 的使用并未遵循英语中该词对应词汇的使用趋势，这种现象可以归类为语言的自身发展所致，即口语化的发展趋势，以及科普读物文本类型的交际性发展因素。

再如，Bisiada（2013）通过创建包含两个时段德语翻译文本和原创文本（即1982—1983年和2008年的翻译文本和非翻译文本）以及英语源语共约100万词的语料库，考察了转折连接词和因果连接词的使用。该研究提出了三个研究问题:(1)英德翻译文本中的转折从句和因果从句连接词在这两个时间段是否呈现出历时的变化?(2)这种变化的原因是源于译者还是编辑,抑或是德语的非翻译文本作者?(3)德语文本从形合到意合的变化是否显出与源语聚合的变化?或者德语语言复杂度的减少?研究对以上问题一一做了回答。首先,英德翻译文本在这两个时间段确实呈现出了历时的变化,并且这种变化是源于译者,而不是编辑。通过对转折连接词和因果连接词的微观分析,研究重点探讨了第三个问题,认为句首连接词主要受到了源语的影响。然而,总的来看,这两类连接词的意合变化并不完全是源于英语的透过性,更重要的原因是德语语言内部的驱动,如对因果连接词的词汇语用再分析,使得其语用缩短,复杂性增加。研究结论表明,德语翻译文本和原创文本中显示出的意合趋势,并非主要是源于语言接触因素,而是在商务文本类型的发展中存在着一种句式简单化的倾向,这也证明了语言发展过程中的语言沿流的力量。

就汉语语言发展而言,有关梵汉语言接触而使得语言发生变化的动因目前从语言内部进行诠释,逐渐涌现出一些成果。例如,龙国富、范晓露(2022)以汉译佛经中全称量化词"敢"的来源为例,从语言类型学对异质语言特殊用法与语言接触进行了探讨,并通过例证的方法从汉语语言自身发展和语言接触的角度对其动因进行了诠释。研究结论认为,"敢"全称量化词用法的来源一方面是汉语"敢"自身由意愿动词用于否定性单句中,另一方面是受佛经翻译影响,"敢"这一演变模式产生的动因主要有语境吸收、语法复制和类比等三个方面。

7.3　社会因素

根据Thomason(2001),影响由接触引发的语言变化的社会因素包括接触强度、语言不完整的模仿(imperfect learning)、言语者的态度等。其中,最重要的因素是接触强度，与文化压力有关，主要表现为：第一，接触时间的长短，即接触时间越长，言语者受到双语社会的影响越大，所受的干扰也就越大；第二，接触情境中人数较少的群体容易受人数较多的群体的语言影响；第三，社会经济较占优势的一方会影响相对较为弱势的一方。接触强度这个概念非常模糊，因为这与言语者的态度、借用者语言的流利程度、借用者的数量等因素有关。语言接触影响语言变化背后的社会因素包括社会多语制、不同语言的优先权、接触区域、语言接触强度、外语教育、语言政策等。总体来看，在透过翻译的语言接触引起的语言变化的社会动因上，可以分为两类，一类为社会语言学因素，另一类为接触的强度和长度。

从社会语言学因素[1]来看，Thomason & Kaufman (1988) 认为语言接触的社会语言情境，而不是语言学因素，会决定接触引起的语言迁移方向。这里所指的社会语言情境，也就是哪种语言为模型语言，哪种为复制语言，和语言迁移的方向有关。语言迁移一般分为两种情境：从L1迁移到L2或者反向迁移，前者称为采用（adoption），后者称为施加（imposition）。前者通常是存在一种主导语言，充当通用语，如法语或者西班牙语与巴斯克语，意大利语和莫利塞语等；后者指并非存在一种通用语言，但存在一种不对称的双语现象，复制语言系统中的言语者可以流利地表达模型语言（Heine & Kuteva 2005：237-238）。

从语言接触的强度和长度而言，Nadkarni (1975：681) 认为，理想化的语码复制情况发生在"强烈（intensive）而广泛（extensive）的语言接触之中"。这里"强烈"是指整个社会既使用模型语码也使用复制语码，在日常和规范的交流中，目标多样；"广泛"是指整个言语社会与双语制的并存（Heine & Kuteva 2005：239-240）。据此，较为理想化的语言接触通常需要语言社会长期存在着双语制。透过翻译的语言接触对语言的影响

---

1 "社会语言学"在此与社会因素不属于同一个概念，社会语言学主要是指从社会科学的角度研究语言本质，在此主要是指模型语言和复制语言的运行机制等。

在不同的语言接触长度和强度上也有不同的反映。例如，莫利塞语受意大利语的影响极大，即是由于长达五个世纪的语言接触所致。

透过翻译的镜像而言，其对语言发展的触发作用离不开社会语境。例如，Ji（2012：55）认为，翻译文本从来不会存在真空之中，对其重要性和价值的认可与阐释永远离不开社会文化情境，且根植于其所产出和传播的特定历史阶段。从英德语言接触来看，Baumgarten（2007）通过构建英德平行和类比的语料库，考察英语句首连接词and对德语翻译文本和原创文本的影响。由于句首的and通常体现英语交际功能，该项研究重点考察了英语中的语篇交际功能是否会影响德语的使用。考察分为1978—1982年和1999—2002年两个时间段。研究结果显示，在这两个时间段，句首and一词的词频变化呈现出增加的趋势。该项研究认为，亦如Eckert（2005）所述，语言元素的变异使用是某些功能和意义的体现，超越了语义和语用的范畴，表明言语者有意或无意避免以及接受的过程，因为这些与某种固化或优先的社会意义有关。具体到考察点，句首连接词and，应是德语作者为了使翻译文本符合英语的交际风格所致，即译者选择了一种以英语为主导且优先级较高的交际规范。随后，Baumgarten（2008）对第一人称代词we进行了考察，也得出了相同的研究结论。

从英汉语言接触研究的相关文献来看，我国学界在欧化研究早期多是强调语言接触中的社会因素，尤其是五四时期及其后的社会历史因素对语言接触引发语言变化的影响，如翻译对创作的影响，国外大量文学作品的涌入使得语言接触强度增加，译者对语言的建造等。对翻译文本各类特征的考察促进了我们对透过翻译的语言接触引起的语言变化动因和机制的理解和解读，对社会因素、语言因素、认知因素，以及翻译本身的作用，都有了更为深入和全面的诠释。

Kubler（1985：14）曾将汉语受到英语影响的层面总结为：名词+性、名词+化、第三人称代词、主语的增加、被动语态的使用、句子长度，以及从句的位置。汉语在正字法上、标点、写作风格等都受到了西方语言的影响。他认为这种影响因素有三：需求、优先权、"语言的懒惰"。语言之间如果通过间接接触而发生影响，如通过书面语文本发生接触，其方向只能是单向的（Kubler 1985：19）。在这项研究中，Kubler（1985）也提到了外语教育这一影响因素，指出民国时期的高中和大学的英语课程大多都是通过翻译教授，即按照英语的译文较为机械地逐字翻译讲授。学生则是按照这种模式去学习、记忆和考试。由于长期接触这种模式，学生也逐渐将从翻译中所学到的东西应用到自己的创作之中（Kubler 1985：31），无形中使汉语的使用发生了变化。

近年来，越来越多的研究承认语言和社会的共同作用，其背后的动因也更多地被发现和挖掘。朱一凡（2011a）对五四时期汉语的欧化机制做了探讨，主要使用了北京大学的CCL语料库和北京语言大学开发的面向语言教学研究的汉语语料检索系统（CCRL）及配套的现代名家小说文本库进行举证。研究认为，现代汉语欧化结构是由语言演变机制和社会文化力量共同作用的结果。其中，语言演变机制主要涉及重新分析和扩展；社会文化力量包括大量翻译作品的涌入以及语法书、教科书和权威文章中欧化语法的使用等。郭鸿杰、周芹芹（2019）使用英汉科普平行语料库考察了翻译汉语"被"字句的语义韵特征以及在我国海峡两岸译本中呈现的共性和差异。研究发现，"被"字句语义韵特征在两岸译本中整体趋于一致，差异性体现在我国台湾地区译本中该种句式使用频次更多。这项研究认为，"被"字句的语义韵特征和受事人称的演变有很大的相关性，现代汉语在外部语言接触以及内部自身演变的共振作用下不断演变。研究还提及了在不同语义韵的环境下，翻译策略和译者性别、专业背景、地域等社会因素产生了某种程度的互动。庞双子、王克非（2018a）发现汉语翻译文本和原创文本的连接词在逐渐减少，在不同时期呈现出不同的聚合和偏离态势。该研究认为，语言透明度和经济性共同作用于语言的发展，且语言的口语化趋势、语言接触的强度和时间、源语优先性、译者因素、文本标准化程度以及翻译与创作的关系等都会参与其中。

7.4　认知因素

认知因素也是语言接触研究目前较具发展潜力的领域。认知语言学与翻译学之间存在诸多契合之处，两个领域的交叉研究可以推动这两个学科的共同发展。但在透过翻译的语言接触领域中，从认知角度进行诠释的研究还比较少，现有研究大多是从译者的角度进行分析，涉及译者的态度、省力原则等。近年来，也涌现出了基于实验方法的研究案例，考察翻译对原创文本的认知加工，推动了该领域研究的发展。

语言接触现象可以被视为一种认知过程，这早在20世纪40年代便已初见端倪。G. K. Zipf（1949）认为，"省力原则"是指说话人在语言使用过程中为自身着想，追求语言运用的省力，从而导致语言的简化和统一，在极端情况下一个词对应于无限多的意思（引自胡开宝、王彬 2008：71）。Weinreich（1953：11）提到语言干扰现象时就曾指出，干扰现象经常出现在双语者的话语之中，并且已经融入其中。这实际是语言接触领域对认知研究这一路径最初的认识。Weinreich强调，干扰现象"在言语中犹如河流中的细沙；而在语言中，就像沉积于湖底的细沙"（同上）。这两者的区别在于，前者强调流动性，而后者则随着时间推移逐渐融入和固化至目标语中。这个暗喻同时也表明了语言接触研究的一体两面：语言接触既是个体言语者认知过程的结果，也是语言社会的共同语言习惯（Zenner *et al.* 2018：24）。

基于语料库对语言接触现象进行研究主要集中在外来词、暗喻、概念隐喻、文化模型等方面（参阅 Zenner et al. 2018），呈现出社会和认知两个层面相结合的理论建构和实证探讨趋势。Myers-Scotton（1993）认为，语言接触现象之间的相似之处在于多语者头脑中具备相同的认知过程。Myers-Scotton（1993）指出，言语者互相合作形成语言系统的矩阵，这决定了语言接触现象的本质。

在过去的10年间，将翻译产品和翻译过程结合起来探讨翻译和语言变化机制的研究逐渐涌现。部分学者认识到，语料库研究也需借助其他手段才能对其动因进行更为全面的解读。例如，Hansen-Schirra（2011）对翻译和语言的变化进行了历时维度和心理语言学相结合的研究。研究者使用眼动设备，对20名受试进行检测，主要通过注视点停留、眼睛运动和回视等方法对不同难度篇章的可读性和认知负荷进行测试。这项研究表明，在首次阅读次数和回归路径持续时间上，中等难度的文本较具优势。也就是说，在句子、名词短语和名物化的使用上，德语语言的最优可读性建立在中等难度的基础之上。中等阅读难度往往会使阅读次数减少。这表明文本中的规范化特征过高或者过低都会提升认知负荷。另一方面，因干扰效应而导致较低难度的文本同样会增加认知负荷，使得目标语读者对文本的接受度下降。此外，Neumann（2011）也对翻译和语言接触现象进行了基于翻译过程的实验研究，即通过眼动仪和键盘记录等研究设备，对3名受试的阅读时间和眼动轨迹进行考察，从认知加工的角度初步验证了翻译对目标语可能发生的影响。该项研究在拓展研究方法的同时，也推进了对透过翻译的语言接触背后动因的剖析和诠释。

近年来，有部分学者从认知角度对语言接触现象进行了实证统计分析，并探索其背后的认知动因。例如，Onysco（2018）在对接触语言学中的认知基础进行分类时，对语码复制过程中的借用、语码转换、转移/干扰和复制等四种机制进行了剖析。根据Onysco（2018）的研究成果，语言接触的几种类型与神经网络中的两种基本语言激活特征紧密相联，分别是无意识的激活（unconscious activation）和有意识的激活（conscious activation）。无意识的激活是指人们产出语言时，不做言语上的停歇而进行元语言任务的处理，如在其大脑存储库中搜索表述，并和其他语言特征进行比对。有意识的激活则完全相反。在单语的语境中，多语者的神经结构与同一种语码相联，其他语码在此时受到抑制，只有在特定背景下才可以激活。而在多语的模式下，有一部分语码很大程度被激活。据此，我们可以推测，言语者身处单语语境较双语或者多语语境，往往需要更多的自我抑制力。借用恰恰就是受到社会语用引导的有规律的神经激活过程（Onysco 2018：38）；语码转换不同于借用，往往发生在两个或者多个语种的情境之中。干扰现象，从接触语言学的角度解释，是指类比激活过程，亦即跨语言启动，也就是在神经系统中的形式或语义对应的语言单位或者结构被同时激活的过程（同上：40）。语码复制是指一种语言中的概念刺激（conceptual stimulus）通过语言的物质（linguistic material）在另一种语言中被复制，或者是一种语言中的形式被另一种语言以一种不同且无关的语义进行复制（同上：41）。

又如，Verschik（2018）收集了爱沙尼亚语的时尚和生活体裁的博客（大约150,000形符），考察了网络博客中爱沙尼亚语对英语的语码复制现象。这是将接触语言学和认知语言学相结合的一个典型案例。博客这种体裁是反映个体语言使用、多语言存储、英语词项和使用模式嵌入，以及多语语言演变的一扇视窗。该项研究将语码复制分成了四种类型：完全复制（GC）、选择性复制（SC）、混合复制（MC）、语码转换（CA）。统计结果表明，完全复制和语码转换出现的频次最多。研究认为，在这类文体中，语码转换较多的现象往往取决于意义因素。该项研究从认知的角度对这种现象进行剖析，提出了凸显（salience）这个概念在语码复制中的作用。研究进一步分析了语义、新奇度、流畅度、凸显等这些认知因素在语码复制中的作用。这项研究虽未将翻译因素单独罗列，但对这种因翻译而使得目标语发生语码复制的现象进行了认知层面的深入解读，对翻译研究有潜在的借鉴价值。

就英汉语言对而言，我国目前借助认知语言学方法来探讨语言接触的研究还比较少。在透过翻译的语言接触研究中，涉及认知层面的研究只是在部分学者的著作中偶有提及，还缺乏单独的研究案例和系统性的考证。王寅、严辰松（2005）对语法化的特征、动因和机制做了相关探讨，认为语法化的机制是类推和重新分析，语言演变的方式有隐喻、转喻和主观化等。郭鸿杰（2005）从词典、报纸、杂志以及文学作品中广泛收集了1999—2004年间的语料，加以统计分析并以认知语言学原理对现代汉语的欧化现象进行了解读。王瑾、黄国文（2008）以广州报刊为素材，对接触语言中的翻译现象进行了考察。在对其动因进行分析时，除了提到语言因素和社会因素外，这些研究也提及了省力原则，即人们在说话时总是趋向于使用比较省力的表达方式，省力原则也影响着语言的变化。胡开宝、王彬（2008）对词汇语义的演变机制进行分析时也提到了省力原则。朱一凡（2011a）对现代汉语欧化语法进行探讨时提到再分析的机制。赵秋荣、王克非（2020）在对"一个+修饰语+的+名词"的定语结构进行分析时，提出了短时记忆的特点。他们提到，研究者（Miller 1956；Cowan 2001；陆丙甫、蔡振光 2009）曾指出，记忆的容量大约为5—9个组块。因此，该研究认为，1935—1940年间翻译汉语的复杂定语平均长度增长的幅度接近短时记忆的最大容量。Pang & Wang（2020：433）在对转折连接词的历时考察中，探讨了转折连接词缘何位于借用层级的上方。从认知的角度来看，这种由于与期待发生的对立和矛盾更容易因语言接触而发生变化，原因是在当时情境下言语者所感知的认知压力。这种认知压力会使得言语者从外界语言中有规律地摄取词汇形式，并与内部语言相互作用。

7.5　翻译因素

翻译因素在透过翻译的语言接触研究中的作用是对语言接触理论的拓展，当前仍处在探索阶段。长期以来，翻译因素主要体现在对直译因素的探讨中，之后部分学者从语码复制的角度对其进行了拓展，近年来也扩展到翻译过程中的创新、改编等因素对语言演变的影响。不同语言的学者对翻译因素在语言接触中的触发作用做了种种探讨，如Heine & Kuteva（2005）在论述语言接触的影响因素中提到了翻译对等词对语言接触的影响。Kranich, Becher & Höder（2011）将Thomason & Kaufman（1988）

的语言接触理论引入翻译领域，并结合翻译文本特征，拓展和探析了翻译对语言发展的影响。Malamatidou（2016）将语码复制理论应用到翻译作用于语言发展的机制中。Malamatidou（2017a，2017b）还对翻译中的创新性和改编性如何作用于目标语的发展进行了诠释。翻译因素在语言接触引起的语言变化中的角色和作用仍有很大研究和探讨的空间。

Heine & Kuteva（2005）在对语言接触引发的语法化的探讨中提到了翻译中的对等因素。该项研究认为，如果在一种复制语言中频繁使用一个词汇来翻译另一种语言中的词项，那么这种翻译中的对等现象就会成为语言变化的一种驱动力（同上：222）。但该研究也提到，这种翻译对等对语言变化的推动作用尚未被充分认识。Kranich, Becher & Höder（2011）借鉴Thomason & Kaufman（1988）的借用层级观点，提出了适用于透过翻译的语言接触的十项假说。

Wurm（2011）对"翻译效应"进行了理论探索，分析了在早期的烹饪书籍中德语译者如何从法语中借用词汇和典型的语法结构，以及这些语言项和语言结构如何被原创作者采用和传播。Wurm（2011：93）认为，翻译效应"指个体过程由于翻译产出而引发群体过程。个体过程包括产品的创造，或者一个群体的元素从一个群体转移到另一个群体。群体过程可具体分类为思想的传播和采纳，以及翻译的产品或者标准化"。与翻译效应的理论框架相关的几个主要核心概念包括：（1）群体和个人；（2）群体元素；（3）广义上的翻译。"群体"是指有共性的个体，并且对此有所认识的个体的集合体。通过这些个体过程的行为，群体过程开始传播和采用。其过程包括群体元素和个体过程。该研究基于翻译语料库和参照语料库对中世纪由法语翻译而来的德语烹饪文本中的指示词的采用和传播的路径进行了详细论证，认为文体规范的变化源于译者的创造，由此传播开来。该项研究从翻译效应的角度对语言接触的机制进行了针对性的诠释。

Malamatidou（2016）将翻译看作语言接触的发生域，首次将语言接触领域的语码复制理论应用到了翻译研究领域。该研究认为，就英语和希腊语而言，英语可被视作模型语码，而希腊语可被视为基础语码，在翻译的过程中，选择性复制较完全性复制更为普遍。除了"物质复制"（material copy）通常出现在语音层，不同种类的语码复制现象在翻译中都会出现。该项研究将翻译和语码复制研究两个领域结合起来，对语言接触作用于语言变化的机制从翻译的层面做出了诠释。Malamatidou（2017a）进一步将语言接触中的创新与翻译研究相结合，对小说《发条橙》中的创新性词汇和语法现象进行考察，探索了影响这种创新和改编的因素，既包括与源语相关的因素，也包括与译语相关的因素。其中，与源语相关因素主要是作者的意图，与译语相关的因素则是译者对译本期待的理解；另外一个因素便是目标语系统对翻译创造性的容忍程度。这项研究第一次探讨了翻译中的创新性对目标语语言的影响路径。Malamatidou（2017b）剖析了在语码复制框架中的改编对目标语的影响动因，认为接触语言学中的"改编"（adaptation），实质上相当于翻译领域里的"转换"（shift）。根据语码复制框架，翻译中的这种"改编"同样包括语音复制、语义复制和组合复制等类型。语码复制框架中的这种改编的重要意义在于，在翻译中因为改编而出现的创新成分会逐渐融合到基础语码中。这种改编在历时进程中也受制于诸多因素，如语言类型的距离、所处语言环境等。通常而言，在语言接触的早期，目标语语言显示出很大的包容性，到了后期则更加受到目标语语言常规化的制约。

在我国关于翻译作为语言接触因素而引起语言变化的探讨中，王克非（2002）较早谈到了直译对现代汉语的影响，论述了直译导致汉语出现仿西方语言的句式及直译的文化背景，并认为五四前后的翻译开始注重直译，汉语受到的影响不止于词汇层面，还波及句法层面。

此后，探讨直译如何影响现代汉语的研究也逐渐展开。较具代表性的有胡开宝、王彬（2008）。该研究对英汉外来词翻译和汉语词义的扩大之间的关系做了考察，认为直译法的语用常常形成不合逻辑的义位组合。由于义位之间的相互作用，某些词汇的义素脱落，隐性义素凸现为显性义素，并产生新义。由于人们经常根据英语词汇的字面意义翻译，因此常常导致许多汉语词汇同时对应于英语词汇的中心义和边缘义，或者旧义和新义，词义因而扩大。例如，汉语中"电子信箱"的英语对应是"electronic mailbox"。其中，信箱的义素包括【＋户外】、【＋信件】、【＋箱子】，信件包含纸质这个义素，箱子也包括纸质或者木质两种义素。但通过直译成汉语之后，受到"电子"义位的影响，信箱一词的纸质或者木质的义素脱落，信件也不再是纸质信件。此外，该项研究还提及了直译中谐音取义的方法会使得语调相近且语义相关的词汇增添新义。庞双子（2017）在其透过翻译的语言接触引发的现代汉语语言变化的探讨中，提到了翻译文本在过去100年间的历时变化中呈现出从"意译"到"直译"的变化，认为这种直译引起的源语透过性会在语言接触较强的时期渗透到目标语之中。她还认为，英汉两种语言中形式和功能较为接近的连接词或者代词会融入另一种语言之中。

7.6　案例分析

本小节将围绕翻译领域的语码复制框架，以及翻译产品和翻译过程的双重动因这两个案例来进一步探讨透过翻译的语言接触现象及其动因。

7.6.1　案例1：翻译领域的语码复制框架研究

本案例分享的是Malamatidou（2016）的《如何理解翻译作为语言接触的一个场域：语码复制框架作为翻译研究中描述性机制的潜在价值》（"Understanding translation as a site of language contact: The potential of the code-copying framework as a descriptive mechanism in translation studies"）一文。此研究考察了翻译作用于语言接触的动因，将语码复制原理应用于翻译研究领域并进行了拓展，是考察语言发展变化中的翻译因素的典型案例。

该项研究将翻译视为语言接触的重要发生区域，其研究目标有二。第一，运用语码复制框架的一些概念，考察翻译作为语言接触发生区域的运行机制。第二，运用这些概念系统性地考察从英文而来的翻译如何影响希腊语科普读物中被动报道动词的使用频次，挖掘语码复制理论框架的研究潜力。该项研究首次基于描写性的实证研究方法将理论框架运用于翻译领域，探索如何解读透过翻译的语言接触现象（Malamatidou 2016：401）。

语码复制理论框架对理解翻译作为语言接触的发生区域尤为重要。根据Malamatidou（2016）所述，语码复制框架理论模型的优势在于它可以解释语言变化在什么地方发生，并为其提供解释模型。根据Johanson（2008），语码可以分为模型语码（model code）和基础语码（basic code），语法复制会使得复制后的语码融入基础语码之中。该语码复制理论将语码的复制类型分为四类：物质特征复制、语义特征复制、组合特征复制和频率特征复制。其中，物质特征包括语言单位的语音层面；语义特征是指语言单位的指称和内含意义；组合特征复制是指搭配层面或句法层面；频率特征是指某些特别语言单位的使用频次。

根据Johanson（2008），语码复制可以分为完全性复制和选择性复制。完全性复制是指语言特征可以被复制到基础语码之中；选择性复制是指语言项的一个或几个特征被复制到基础语码。图7.1为Johanson（2008：65）所述的两类语码复制。左侧为完全性复制的四种类型，分别为物质特征复制（M）、语义特征复制（S）、组合特征复制（C）和频率特征复制（F）。右侧为选择性复制，四种语码复制类型有可能单独发生在基础语码之中。其中，X为基础语码中被复制过来的成分。

动态来看，语码复制是一个连续体。其发生过程为，在最起始的阶段往往是暂时性语码复制，当使用频次增多便逐渐成为习惯性复制；当其逐渐融入目标语之中，便成为常规性复制，最后阶段为单语语码复制（如图7.2所示），即言语者对该语言项的使用亦如单语般自然。根据

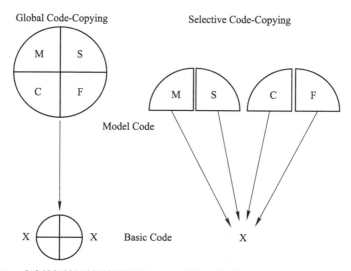

图 7.1 完全性复制和选择性复制（Johanson 2008：65，取自 Malamatidou 2016：404）

Malamatidou（2016），语码复制与翻译的结合之处在于，翻译是上好的选择性复制的发生场所。除了语音复制外，其余各个层面的复制均有可能发生。此外，翻译遵循了语码复制的历时过程，复制到翻译语言的语码，如果被多数译者使用，则表明其已经进入习惯性阶段。进一步而言，如果这些语码已经被另一种语言的单语者经常使用，则表明其已经融入这种语言之中。此外，语言复制的优势还在于其可以解释影响语言变化的因素，而不是将翻译看作是语言变化的原因或催化剂。这种理论框架的应用可以使这种逻辑推理更加合理，从而避免简单化的因果关系推理。

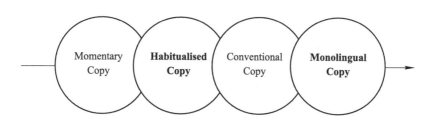

图 7.2 语码复制连续体过程（取自 Malamatidou 2016：404）

　　该项研究使用的语料库为TROY，考察了三个时间段。考察对象为报道动词的被动语态。这三个时间段分别为1990—1991年、2003—2004年、2009—2010年。其中，第一个时间段由于语料有限，只收录了非翻译的原创文本，后面两个时间段则收录了英语源语、希腊语译语、希腊语源语等三类文本。研究先对三个时期的非翻译文本进行历时分析，之后对类比语料库进行考察，最后考察平行语料库。研究结果显示，这三个时期非翻译文本中的被动语态呈现降低的趋势，且具备显著性差异。接下来，研究对这三个时间段的翻译文本和非翻译文本进行比较分析，发现翻译文本中较少使用报道动词的被动语态。这表明频次复制在翻译文本中已经进入习惯化的状态。最后，通过平行语料库考察这些报道动词被动语态的低频使用是否缘于与英语源语的语言接触。平行语料库的统计结果显示，这几个时期英语源语对报道动词的使用呈现出稳定性特点，而希腊语的翻译文本则出现下降的趋势，与非翻译文本形成聚合的发展关系。这也表明，翻译对这种语言的变化起到了促进的作用，在一种语码频次被复制到另一种语言并达到一定时期则会进入习惯化阶段。

　　可见，该项研究很好地诠释了翻译缘何通过语码复制的机制对目标语语言的发展起到推动的作用。研究主要涉及语码复制理论中的频次复制。如果习惯性使用的语码已然成为翻译文本的一种特性，那么翻译即可视为非翻译文本中的语言变化的影响因素。由此，对科普类文本的考察很好地将翻译和语言接触理论这两个领域结合在了一起。作者进一步阐明了影响这种语码复制的因素即为英语科普文本和希腊语科普文本的权力差距，亦即英语较高的优先权。例如，由于英语和希腊语之间的权力差大于英语与德语之间的权力差，因此希腊语中被动语态的使用频次变化则高于德语中被动语态使用频次的变化。研究认为，这种因翻译引起的语言变化是外因和内因共同作用的结果。此外，通过该语码复制框架，我们可以很好地解释为什么翻译文本中出现的特征会经过一段时间才能进入到另一种语言。

7.6.2　案例2：翻译产品和翻译过程的双重动因阐释

本案例分享的是Neumann（2011）的《翻译对英德语言接触现象的影响评估：研究方法的再思考》（"Assessing the impact of translations on English-German language contact: Some methodological considerations"）一文，收录于Kranich, Becher Höder & House（2011）主编的论文集《多语言语篇产出：历时和共时视角》（*Multilingual Discourse Production: Diachronic and Synchronic Perspectives*）。

该项研究认为，翻译是语言接触的影响因素之一。作者通过两种研究方法来对评估英语对德语的影响路径。首先，作者描述了与语言接触研究相关的版图。根据Thomason & Kaufman（1988）和Winford（2003），透过翻译的语言接触一般发生在语言维持现象中，因为目标语的语言并没有改变，只是和其他语言发生了接触。研究首先阐述了语言接触的几个因素，如英语广播（如BBC或CNN）、广告、科学发展，还有翻译。其中，翻译是很重要的语言接触领域，诸如干扰现象、异化、归化等现象均与翻译相关。

这项研究指出了以往研究方法的弊端，并提出了很重要的观点，包括：（1）影响语言接触的因素很多，翻译只是其中之一；（2）英语对目标语语言的影响，有可能是目标语作者直接阅读英语作品所致；（3）如果这些因素不被控制住，则有可能造成假性因果关系。研究认为，与翻译同时存在并影响目标语语言发展的因素还包括：（1）目标语作者与源语的接触；（2）在目标语文本产出中，对源语背景知识的依赖；（3）所研究语域的背景因素；（4）语言对比特征；（5）目标语言语者于源语的态度；（6）语言内部因素（Neumann 2011：239）。

根据Neumann（2011），在研究方法上，基于语料库的研究方法并不能对由翻译过程因素导致的翻译文本特征进行分析，只能通过推断的方式对其原因进行推测。Hansen（2003）亦认为，即使Olohan & Baker（2000）基于翻译英语语料库（TEC）的研究也不例外，尽管该研究可以控制语言对比因素的变量影响，但对翻译认知因素也是通过推断所得。作者认为，语料库研究方法给语言接触现象提供客观论证，具有很高的价值，是语言接触研究不可分割的一部分，但很难为目标语语言产出的来源提供充足的解释。

为了对语料库研究进行补充，本案例采用了基于翻译过程的实验方法，使用了眼动仪和键盘记录设备。研究假设为：如果受试对翻译素材的注视时间（observation duration）长于其他素材，则表明主要是由翻译的调节性在起作用；如果受试对英语源语的注视时间长于其他素材，则可以为直接接触提供证据。研究共涉及三名受试，英语熟练，分别为新入职的记者和两位有经验的译者。这三名受试的任务是通过阅读三类文本来产出一篇有关双足机器人的文本。这三类阅读文本分别为：(1)英语为源语的德语科普类杂志译文的前三页，与球形机器人有关；(2)德语原创文本有关双足机器人的科学类文献的前三页；(3)英语有关双足机器人科学类文献的前两页。第一类文本的特点为翻译，第二类是不同的文本类型，第三类为英语书写，且文本类型不同。这三种文本都以电脑浏览窗口的方式随机呈现，如图7.3所示。

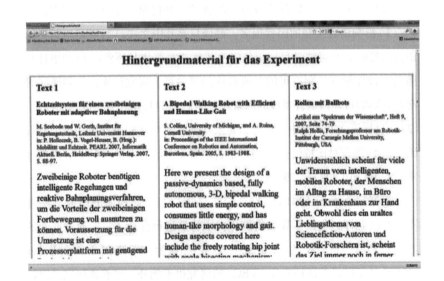

图 7.3　三类文本的呈现窗口（引自 Neumann 2011：245）

　　受试使用键盘记录和眼动仪。其中，键盘记录可以对受试的停顿以及人际互动等做出客观记录，眼动仪可以对受试的眼睛注视点和注视时间进行捕捉和记录。眼动仪的使用源于眼脑假说（eye-mind assumption），即只要学习者大脑正在加工指定词语，就会注视这个词（Just & Carpenter 1980：330）。眼动研究正是运用这些注视数据作为认知行为的操作化指标。除此之外，眼动仪除了可以对眼动注视和观察时间进行记录，还可以记录扫视时间，方便质性分析。

　　研究结果显示，受试1只浏览了三篇文章的摘要部分，对英语源语并未更多阅读，几乎在任务伊始便进行文本产出并同时浏览文本，但更多关注的是文本产出。受试2花了较长时间阅读背景文章，阅读德语篇章的时间最长，阅读英语文本的时间长于德语译文的时间。尽管在阅读资料上花费较长时间，该受试仍用最多时间进行文本产出。受试3从实验伊始便阅读德语翻译文本，转而集中阅读德语原创文本。受试3不仅边看背景资料，边进行文本产出，而且还不时地将文本产出窗口和第二类文本窗进行切换。如图7.4所示，圆点代表注视时间，直径增加代表注视时间延长，直线代表移动轨迹。通过进一步数据统计，受试1使用了更多时间阅读翻译文本，与研究假设相符，即翻译对其文本产出有可能发生影响；受试2和受试3则使用了更多的时间阅读德语原创文本。

　　该项研究进一步通过时间关联探讨了是否存在源语透过性的问题，对背景资料的注视时间和文本产出的使用时间的关联性考察则验证了源语透过性的存在。此外，受试2在浏览翻译文本后，将其中的science fiction一词借用到德语文本产出中。这个个案支撑了翻译文本对原创文本的影响假设。这项研究从某种程度上验证了翻译文本和原创文本之间的因果关系，但仍有研究局限，如不能对其他变量进行有效控制，如英语源语对原创德语的影响。因此，作者也提出，对这种假设的全面验证还需要进一步完善实验设计。

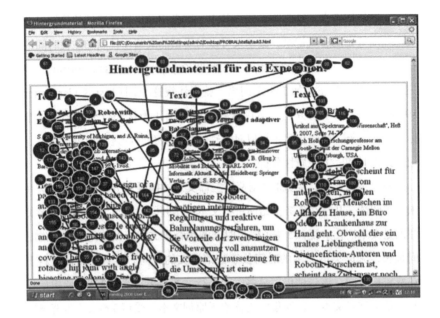

图 7.4 受试 2 对三类文本的眼动注视轨迹图（引自 Neumann 2011：246）

7.7 小结

本章对透过翻译的语言接触研究从语言因素、社会因素、翻译因素、认知因素四个层面进行了动因考察和分析。语言因素主要涉及语言类型学和语言内部发展规律等。从语内因素来看，共时因素主要包括目标语语言的标准化程度、目标语语言的文本类型的发展程度、语言类型的近似度，以及特别语言项之间潜在的功能上的对等因素等；历时因素涉及语言自身的发展，以及变化中的对等因素等。社会因素包括社会多语制、不同语言的优先权、接触区域、语言接触时间长度、接触强度、外语教育、语言政策等。翻译因素主要体现在对直译因素的探讨，语码复制现象在得到拓展后，近年来也扩展应用到探讨翻译中的创新、改编等因素对语言演变的影响。认知因素主要包括省力原则、新奇度、流畅度、凸显、认知加工等。本章还以两项前沿研究作为典型案例，分别就翻译中的语码复制，以及翻译产品和翻译过程的双重动因，对透过翻译的语言接触现象做了分析和考察，相信会帮助读者更好地理解这一复杂问题。

第八章 研究贡献与发展前景

8.1 引言

本书在前几章从研究内容、研究方法、研究类型、研究动因等角度介绍了基于语料库的翻译和语言接触研究。本章将重点分析基于语料库的翻译和语言接触研究成果对翻译研究和语言接触研究这两个领域的贡献，并对其发展趋势和前景做一展望。正如本书第一章所述，双语平行语料库和类比语料库的建设发展促进了语料库翻译研究领域的形成。一方面，基于语料库的翻译研究可以使我们对源语、译语、目标语[1]这三者之间的关系进行系统性地比对。部分现有研究表明，翻译文本的某些特征会对目标语语言产生影响。另一方面，近些年，语言接触研究领域通过融入对翻译元素的考察，其原有的理论框架、研究方法、研究结论都有了进一步的发展。

8.1.1 对翻译研究的贡献

近些年，语言接触研究在语料库翻译领域的融入，主要有以下几点贡

---

1 此处的译语指翻译文本，而目标语指的是同一种语言内与翻译文本相对的非翻译文本，亦即原创文本。

献：(1)促进了翻译文本特征的历时考察，为具有争议性的翻译共性特征考察提供了新的视角；(2)开启了翻译语言变体作为"受限语言"的观测点，拓宽了第三语码的研究；(3)基于语料库的深入考察，完善了翻译领域的理论建构，促进了翻译领域的理论发展。

20世纪90年代末期，随着语言接触研究和翻译研究相结合，研究者开始借助语料库考察翻译文本和原创文本之间的历时变化。对翻译文本特征的考察，如显化、源语透过性、规范化等，加上从历时维度的观察比较，加深了对翻译文本共性问题的认识，并发现了更多的影响因素。语言接触研究更是推动了翻译研究和社会因素的结合。多种语言对的考察表明，在语言接触较强的时期，翻译文本中的某些文本"固有特征"（如显化等）会得到加强，并受到目标语语言规范的影响，会对目标语语言发生影响。

从语料库翻译学的发展史来看，20世纪90年代初期，Baker(1993，1995，1996)将描写翻译研究和语料库语言学相结合，随即开启了翻译共性研究。在之后的几十年，很多学者对其验证或者证伪。我国的语料库翻译研究也在这个时期跟进发展。此后，Becher(2010，2011)发表了一系列论文对翻译共性的神秘性提出质疑，并指出其内在的逻辑问题。近些年来，学界通过对翻译共性背后的影响因素进行考证，发现所谓的翻译文本可能是一种"受限语言"，具有调节性效应(mediated effect)，且受到多种因素的制约和影响。多项研究表明，翻译作为语言接触变体，和编辑类文本、非接触语言变体、学生文本等具有交叠之处。因此，学界认为，翻译共性的提出低估了翻译文本的复杂性。随着语料库翻译研究逐渐应用到语言接触、变异语言学、二语习得、认知语言学等领域，第三语码的研究也得以拓展。

基于语料库的翻译和语言接触研究的理论框架涉及语言因素、社会因素、认知因素、翻译因素等四个层面。从语言因素来看，主要有语言类型理论和语言内部的发展理论；社会因素包括融合接触强度和长度等因素在内的语言接触理论；认知因素主要涉及译者的态度，以及认知语言学的理论框架；翻译因素包括直译、词汇的潜在对等、翻译效应等。Kotze & Havelson（2021）首次对语料库翻译研究进行了社会认知层面的理论建构，其理念为语言知识是语言经验的认知组合，也是社会规范性反馈中的重要一环。融社会和认知为一体的理论建构可以为译者的翻译现象建构翻译模型。基于语料库的翻译和语言接触研究，其动因既有社会因素的考量，也有认知因素的参与，必然会有力地推动语料库翻译研究领域的理论建构和翻译模型的完善。

8.1.2 对语言接触研究的贡献

基于语料库的翻译和语言接触研究的贡献不限于在翻译研究领域。近些年来，语料库翻译研究同样推动了语言接触研究在理论和实证层面上的发展。

就理论层面而言，基于语料库的翻译文本和原创文本的考察，有力地推动了书面语言之间的语言接触研究，打破了以往语言接触研究局限于口语的局限，拓展了语言接触研究的理论疆域。长期以来，语言接触研究多是对口语者之间的语言接触进行考察，这种研究模式至今存在。而对书面语语言的接触，由于研究方法的局限，一直被忽略。语料库翻译研究推动了书面语言接触和口语语言接触之间的可比性，促进了语言接触的理论建构和发展。

翻译是典型的选择性复制发生的场所。多个层面的语码复制均有可能发生。翻译符合语码复制的历时过程，如果这些语码被另一种语言的单语者经常使用，表明它已经融入了这种语言之中。例如，学界将英语源语看作模型语码，翻译语言看作基础语码，完善并发展了语言接触的相关理论。又如，关于翻译创新性的考察表明，就语言接触和演变的角度而言，其间的语言创新性不能简单归因于双语者或译者。这种创新性的形成是由多个方面的复杂因素造成的。这些复杂因素包括源语因素和目标语因素。其中，源语因素包括源语作者的意图，以及源语文本的影响；目标语因素与译者理解的翻译期待有关，并不能增加或改变源文本的意义。这些复杂的因素共同推动着语言发生变化。将翻译因素融入语言接触理论框架的探索可谓是对原有理论的拓宽。

此外，将翻译元素融入语言接触研究框架，也推动了学界对相关理论的探讨。Kranich, Becher & Höder（2011）提出了十种假设，对透过翻译的语言接触的影响因素进行了界定。Wurm（2011）则提出了"翻译效应"的概念和路径。这些都是融入翻译元素的语言接触理论的新发展。近些年发展起来的翻译文本特征和语言接触相结合的研究，如显化、源语透过性、翻译的调节性、翻译文本中的呈现不足等特征，无论是从考察点，还是语言变化的发生机制上，都进一步深化了语言接触研究。

在实证层面也是如此。语料库翻译研究的新方法继承和推进了传统历史语言学的量化统计方式，特别是更新和改进了技术手段，提高了研究成果的科学性和客观性。在语料库翻译研究领域，双语语料库的发展之于语言接触研究如源头活水，极大地促进了该领域的文本化发展趋势。与基于单语的历史语料库观测不同的是，基于双语语料库的考察可以使我们管窥语言接触和变化的内在机制，将翻译这一具有重要性的历史性活动纳入语言发展和变化的考察域，对语言变化的影响因素做更为全面的分析。

纵观历史语言学，从博厄斯－萨丕尔之争开始，即围绕语言内部的继承性和源于语言接触的相似性的区分，就论争不止。基于语料库翻译研究的实证方法所取得的一系列确凿的数据、研究成果，以及对这种影响的X光片般的捕捉，借助可视化的数据呈现、严谨的逻辑推理，使得语言演变的外部因素和内部因素更加清晰可辨。相对之前仅凭直觉和个案考察，多种新型平行语料库和类比语料库的建设以及多元统计方法的使用，无疑使得翻译触发的语言变化研究能得到系统化的推进，形成了多种语言对之间的复制性和对比性研究，有利于多语种语言接触的全景化建构。

8.2　基于语料库的翻译和语言接触研究的趋势和前景

以上分析了基于语料库的翻译和语言接触的研究贡献。近些年，随着第三语码的拓展，对翻译文本特征动因的不断探寻，以及语料库翻译的研究方法在更多领域的应用，基于语料库的翻译和语言接触研究也不断发展，研究方法愈发成熟，研究成果日益丰厚，呈现出以下发展趋势。

8.2.1　语言接触研究理论与实证的深度结合

语言接触研究理论涉及多个方面，较有代表性的研究是本书前面所提到的多种相关理论。在过去的几十年间，已有学者将相关理论与语料库翻译的实证研究方法相结合，探究翻译作用于目标语的程度和途径。例如，Kranich, Becher & Höder（2011）根据 Thomason & Kaufman（1988）的语言接触理论结合翻译现象，提出了十种假设，第一次系统论述了翻译和语言变化发展关系。Malamatidou（2017）根据 Johanson（2002）的语码复制理论考察了翻译中创新因素与目标语的发展变化之间的关系。Bisiada（2013）凭借 Heine & Kuteva（2005）的语法复制理论，建设了涵盖两个时间段的小型语料库，对商务文本中转折连接词的历时变化进行了考察，认为由于受到英语作为全球通用语的影响，德语语言正在从形合走向意合。以上这些代表性的研究正是语言接触理论与平行语料库、类比语料库相互结合的成果。未来随着语言接触领域的理论进一步发展，语料库翻译研究范式的不断进步，这种关联研究会呈现出更为多元化的特点。尤其是随着书面语语料库的建设，未来书面语领域的语言接触理论与实证研究的结合也将更加深入。

8.2.2　基于语料库的语言接触理论与多学科的拓展

当前语料库翻译研究的发展态势是从实证研究转向理论和实证研究并重。基于语料库的翻译和语言接触考察推动了语料库翻译研究的社会认知理论框架的建构。De Sutter & Lefer（2019：4）亦认为，过去的研究对翻译文本和非翻译文本的考察，忽视了理论根源的阐释与理论框架的建构。

近些年，基于语料库的语言接触理论也正与更多学科结合，出现了一些新兴的研究领域，如语言接触研究与社会语言学、语言类型学、二语习得、系统功能语言学、认知语言学等学科的结合。例如，Viernes（2020）对巴斯克语中独特的与听话者动词一致（allocutive agreement）的语法范畴现象进行了研究。研究通过建设书面语语料库，对巴斯克语源语和翻译语言、男性和女性、时间变化等因素进行了单因素方差检验。研究结果发现，以上因素并未对其语言变化发生显著性的影响。该研究结论与先前基于口语的研究相悖，为口笔语之间的语言接触现象比较打开了门径。这种融合了社会语言学的语言接触考察，为该领域的研究提供了新的思路。

在认知研究领域，如前文所述，近几年也涌现出一批颇有意义的研究。Onysko（2018：36）对基于认知的语言接触理论进行了类型划分。整体而言，语言接触与大脑中的有意识激活和无意识激活相关联。Verschik（2018）收集了网络博客语言来探讨语码复制的认知机制。其创新之处在于，作者自建了一个15万词的语料库来探讨认知机制中的语用凸显，包括新颖性、隐喻性和情感性等因素在语码复制中的作用。Teich（2003）和Trudgill（2011）等均从语言类型学的角度，借助语料库的方法，进一步拓宽了语言接触研究的范畴。以上这些新的理论视角在未来的研究中会更有力地推动基于语料库的语言接触研究发展。

8.2.3　语言接触研究与语料库翻译研究核心问题的融合

翻译语言特征研究是语料库翻译研究的核心问题，包括显化、隐化、简化、规范化、源语透过性等。语料库翻译研究领域的核心概念，对翻译文本特征动因的考察在很大程度上推动着该学科的发展。近三十年来的语料库翻译研究始终围绕此类问题展开，经历了对第三语码的验证、质疑和拓展。当前，学界认为翻译文本语言受到多种因素的制约，是一种"受限语言", 第三语码低估了翻译文本语言特征的复杂性。

近年来, 语言接触研究与语料库翻译研究的结合主要体现在共时和历时两个层面。从共时角度来看, 多位该领域的领军学者将翻译语言视为一种接触语言变体(contact variety), 并进行了与其他类型文本的对比考察, 探究其中的影响因素。翻译语言特征的形成并不只是单独在翻译这一种变体中呈现, 在受到多种交际制约的变体中均有呈现。语言接触也被视为影响翻译文本语言特征的重要因素之一。De Sutter *et al.*(2018)通过多元统计方法探讨翻译文本中句式显化的动因。其研究结论是, 语言接触变体与非语言接触变体并未呈现出完全的不同。该项研究充分展示了语料库翻译学科如何从相邻学科汲取养分, 由此获得观念上和研究方法上的拓展。

从历时角度来看, 翻译文本特征会影响目标语语言的发展, 代表性研究有Hansen-Schirra(2011)、Steiner(2012)等。如本书前面所述, 翻译文本特征与语言接触研究的领域逐渐涌现新的研究点, 涉及显化、源语透过性、翻译调节性、翻译语言变体等。未来关于语言接触变体的讨论, 以及语言接触和语言变异因素如何限制翻译文本的特征, 有望得到进一步的拓展和深化。

8.2.4 多元化实证研究方法和多语语料库建设

在语言接触领域, 语言技术能为语言接触研究领域中萌发的问题提出新的解决方案。研究方法包括语料库的建设、多元化实证方法的补充, 多种标注及统计方式。在语料库的建设上, 呈现出融入平行语料库和类比语料库的复合研究、大规模历时语料库的创建、多语语料库的考察、笔语语料库和口语语料库的对比研究等。例如, 历时复合型的语料库建构能够为翻译对目标语语言的作用进行有效的衡量; 类比语料库的计量可以使我们发现翻译文本不同于非翻译文本的语言特征; 对平行文本的考察可以使我们发现这些特征是否受到了源语透过性的影响。此外, 参考语料库可以为这种语言变化提供参考。这种多方验证的方法是当前该领域探索中较为前沿的考察方式（Becher 2009；Dai 2016；House 2011a，2011b；Kranich，Becher, Höder & House 2011；Pang & Wang 2020；Wang & Qin 2013）。

多语语料库的构建可以对语言接触现象进行多方数据验证，有助于展开系统化研究和全景式观测。当前，欧洲出现对比语言学的"历史转向"，建成了多个基于英语和日耳曼语族的历史双语语料库。较具代表性的如历时圣经语料库（EDGeS Diachronic Bible Corpus），涉及英语、荷兰语、德语、瑞典语等语种的圣经翻译。这些多语历史平行语料库收录了横跨几个世纪的语料，为历史语言学和接触语言学的发展拓宽了视野。基于多语种的翻译和语言接触考察尚待实证研究的参与和推动，这也是我国目前在实证翻译研究领域尚待建构的考察方式。围绕汉语的多语平行语料库考察可以为翻译与汉语的语言接触研究提供新的视角，将英汉之间的语言接触研究拓展至其他语种，有助于考察多个语种与汉语的语言接触历程，突破当前以英语或英汉为主体的研究局限，全方位考察汉语语言的发展和变化。该领域也期待多种语言语料库内在统一建构。不同语言对由于语料库建构的差异，其可比性和复制性还有待于进一步提升，建设内在结构统一的多语种多语域的语料库可以为翻译与语言接触的研究提供全景式的观测。在语料库标注上，当前的研究主要集中在具备较为明显语法标记的成分，未来的研究还期待更多语义和语用等深层次语言层面的探索。

其次，基于语料库的语言接触研究当前正在从传统的对受试者口语语料的收集转向笔语语料的采集和加工。口语语料库和笔语语料库的结合将有力促进该领域的多方验证考察。在统计方式上，当前该领域的研究逐渐从单一性的频率统计发展到多元可视化统计阶段，方差分析、对应分析、多因素预测分析、随机森林等大大提高了研究结果的可信度和科学性。

此外，基于翻译产品和翻译过程的语言接触成因探索也将推动该领域研究的发展，如将语料库研究与实验研究、心理语言学研究相结合，能够从认知层面解释译者的翻译和原创产出过程。

语言接触的双向性传播探讨是指从语言接触的角度对语言文化现象的演化进行诠释研究，不只包含英语到其他语言的影响，也包括非欧洲语言对欧洲世界的影响。如前文所述，Andreose（2020）通过收集近两个世纪的一些来华者的旅行记录，建立相应的语料库，探索了其中东方词汇的表达方式。Avic（2019）对波斯语文学作品进行考察，并探究波斯语翻译对德语的影响。这种反向考察能够为语言接触的研究提供另一种视角。

综上所述，基于语料库的翻译和语言接触研究在理论构建、多学科拓展、核心问题深入研究、多元化实证发展和多语语料库的建设上都具有很大的发展空间，未来该领域的研究也将逐渐走向多元化和实证化。当前，该领域存在诸多的研究点，如翻译因素和语言接触因素如何辨别，语言由接触发生的变化是与源语文本接触还是与翻译文本接触所致等，都需要进行更加细致的甄别和验证。此外，当前实证研究中的翻译文本和原创文本两者之间的相关关系并不能代表两者的因果关系。影响语言发展的因素很多，翻译仅是其中一个，还有更多因素参与其中，共同起作用，如语言内部规律的发展、方言的特点、词汇对等关系的动态演变，等等。随着研究方法的成熟和发展，这些都将有望在未来的研究中得到进一步探明。

8.3　小结

本章主要对近几十年间基于语料库的翻译和语言接触研究的贡献做了概括和梳理。其中，语言接触研究对翻译研究的贡献体现在：促进了翻译文本特征的历时考察，深化了对翻译共性特征的考察；推动了翻译语言变体作为"受限语言"的发展，拓宽了第三语码的研究；深入考察和完善了翻译领域中创新性理论的发展，拓展了翻译领域的社会认知理论的建构。翻译研究对语言接触研究的贡献体现在理论和实证两个层面。就理论层面而言，基于语料库的翻译文本和原创文本的考察推动了书面语言之间语言接触的考察成果，打破了以往集中在口语研究的局限，拓展了语言接触领域的理论框架。就实证层面而言，语料库翻译研究的新方法继承和推进了传统历史语言学的量化统计方式，更新和改进了技术手段，提高了研究成果的科学性和可信度。

此外，本章对语言接触研究的发展前景进行了展望，提出了未来的发展趋势，主要包括：语言接触研究理论与实证研究的深度结合；基于语料库的语言接触理论与多学科的拓展；语言接触研究与语料库翻译研究核心问题的深度融合；研究方法的实证性走向和多语语料库建设。从这些发展趋势可以清晰地看出，基于语料库的翻译和语言接触研究有着广阔、引人注目的学术发展空间。

参考文献

Abdullina, L. R., A. V. Ageeva & E. V. Artamonova. 2019. Corpus linguistics tools for loanwords and borrowings studies. *Journal of Research in Applied Linguistics* 10: 443-451.

Adamou, E. 2016. *A Corpus-Driven Approach to Language Contact: Endangered Languages in a Comparative Perspective*. Berlin/Boston: De Gruyter Mouton.

Andreose, A. 2020. About some oriental terms in reports by travellers to China. *Itineraria* 19: 23-46.

Appel, R. & P. Muysken. 1987. *Language Contact and Bilingualism*. London: Edward Arnold.

Arnold, R. 2021. Judeo-Spanish in contact: Loanwords and interferences as a sign of vitality. *Laborhis-torico* 7(1): 204-220.

Avci, R. 2019. German Orientalism and the Persian literature in the Islamic Period: Josef von Hammer-Purgstall (1774-1856) as an example of literary interlacing. *Studien zur deutschen Sprache und Literatur* 42: 57-76.

Baker, M. 1993. Corpus linguistics and translation studies: Implications and applications. In M. Baker, G. Francis & E. Tognini-Bonelli (eds.). *Text and Technology: In Honour of John Sinclair*. Amsterdam/Philadelphia: John Benjamins. 233-250.

Baker, M. 1995. Corpora in translation studies: An overview and some suggestions for future research. *Target* 7(2): 223-243.

Baker, M. 1996. Corpus-based translation studies: The challenges that lie ahead. In

H. Somers (ed.). *Terminology, LSP and Translation: Studies in Language Engineering in Honour of Juan C. Sager*. Amsterdam/Philadelphia: John Benjamins. 175-186.

Baker, P. 2010. *Sociolinguistics and Corpus Linguistics*. Edinburgh: Edinburgh University Press.

Barley, N. 1983. *The Innocent Anthropologist: Notes from a Mud Hut*. London: British Museum Publications.

Bassnett, S. 2018. *Translation and World Literature*. London/New York: Routledge.

Baumgarten, N. 2007. Converging conventions? Macrosyntactic conjunction with English and German. *Text & Talk* 27(2): 139-170.

Baumgarten, N. 2008. Writer construction in English and German popularized academic discourse: The uses of we and wir. *Multilingua* 27(4): 409-438.

Baumgarten, N. & D. Özçetin. 2008. Linguistic variation through language contact in translation. In P. Siemund. & N. Kintana (eds.). *Language Contact and Contact Languages*. Amsterdam/Philadelphia: John Benjamins. 293-316.

Becher, V. 2009. The decline of damit in English-German translations: A diachronic perspective on source language interference. *SKASE Journal of Translation and Interpretation* 4(1): 2-24.

Becher, V. 2010. Abandoning the notion of "translation-inherent" explicitation: Against a dogma of translation studies. *Across Languages and Cultures* 11(1): 1-28.

Becher, V. 2011. Explicitation and Implicitation in Translation: A Corpus-Based Study of English-German and German-English Translations of Business Texts. [Ph.D. Dissertation]. Hamberg: Hamberg University.

Becher, V., J. House & S. Kranich. 2009. Convergence and divergence of communicative norms through language contact in translation. In K. Braunmüller & J. House (eds.). *Convergence and Divergence in Language Contact Situations*. Amsterdam/Philadelphia: John Benjamins. 125-151.

Biber, D. 1988. *Variation across Speech and Writing*. Cambridge: Cambridge University Press.

Biber, D. 1995. *Dimensions of Register Variation: A Cross-Linguistic Comparison*. Cambridge: Cambridge University Press.

Biber, D. 2004. Modal use across registers and time. In A. Curzan & K. Emmons (eds.). *Studies in the History of the English Language (Vol. II: Unfolding Conversations).*

Berlin/Boston: De Gruyter Mouton. 189-216.

Biber, D., S. Johansson, G. Leech, S. Conrad & E. Finegan. 1999. *Longman Grammar of Spoken and Written English*. London: Longman.

Bicsár, A. & S. Kranich. 2012. "These forecasts may be substantially different from actual results". The use of epistemic modal markers in English and German original letters to shareholders and in English-German translations. *Linguistik Online* 55 (5): 41-56.

Bisiada, M. 2013. From Hypothtaxis to Parataxis: An Investigation of English-German Syntactic Convergence in Translation. [Ph.D. Dissertation]. Manchester: Manchester University.

Bisiada, M. 2016. Structural effects of English-German language contact in translation on concessive constructions in business articles. *Text & Talk* 36(2): 133-154.

Bisiada, M. 2018. The editor's invisibility: Analyzing editorial intervention in translation. *Target* 30(2): 288-309.

Bloomfield, L. 1933. *Language*. New York: Holt, Rinehart & Winston.

Bolton, K. 2002. Chinese Englishes: From Canton jargon to global English. *World Englishes* 21(2): 181-199.

Braun, M. 1937. Beobachtungen zur Frage der Mehrsprachigkeit. *Göttingsche Gelehrte Anzeigen* 199: 115-130.

Braunmüller, K. 2014. Introduction. In K. Braunmüller, S. Höder & K. Kühl (eds.). *Stability and Divergence in Language Contact: Factors and Mechnism*. Amsterdam/Philadelphia: John Benjamins. 1-12.

Braunmüller, K. & J. House. 2009. *Convergence and Divergence in Language Contact Situations*. Amsterdam/Philadelphia: John Benjamins.

Broch, O. 1927. Russenorsk. *Archiv für slavische Philologie* 41: 209-267.

Brody, J. 1987. Particles borrowed from Spanish as discourse markers in Mayan languages. *Anthropological Linguistics* 29(4): 507-521.

Bührig, K. & J. House. 2004. Connectivity in translation: Transitions from orality to literacy. In J. House & J. Rehbein (eds.). *Multilingual Communication*. Amsterdam/Philadelphia: John Benjamins. 87-114.

Burnard, L. 1995. *Reference Guide for the British National Corpus*. Oxford: Oxford

University Computing Services.

Campbell, L. 1998. *Historical Linguistics: An Introduction*. Edinburgh: Edinburgh University Press.

Chang, C. H. 2021. A study on modern Chinese "小+A". *The Journal of Chinese Cultural Studies* 53: 143-162.

Choi, H. 2012. The influence of English on English-Korean IT news translation. *Interpreting and Translation Studies* 16(2): 261-291.

Choi, H. 2018. A corpus-based study on lexical borrowing in English-to-Korean translations of business magazine articles. *Interpreting and Translation Studies* 22(1): 235-263.

Clyne, M. 1987. Constraints on code switching: How universal are they? *Linguistics* 25(4): 739-764.

Cohen, I. 2018. On randomness. *Target* 30(1): 3-23.

Cowan, N. 2001. The magical number 4 in short-term memory: A reconsideration of mental storage capacity. *Behavioral and Brain Sciences* 24(1): 87-114.

Creswell, J. W. 2009. *Research Design: Qualitative, Quantitative, and Mixed Methods Approaches* (3rd ed.). Thousand Oaks: Sage Publications.

Croft, W. 2001. *Radical Construction Grammar: Syntactic Theory in Typological Perspective*. Oxford: Oxford University Press.

Čulo, O. & S. Hansen-Schirra. 2017. *Crossroads Between Contrastive Linguistics, Translation Studies and Machine Translation: TC3 II*. Berlin: Language Science Press.

Dai, G. R. & R. Xiao. 2011. "SL shining through" in translational language: A corpus-based study of Chinese translation of English. *Translation Quarterly* (62): 85-107.

Dai, G. R. 2016. *Hybridity in Translated Chinese: A Corpus Analytical Framework*. Singapore: Springer.

Danylenko, A. 2001. Russian *čto za*, Ukrainian *ščo za*, Polish *co za* "was für ein": A case of contact-induced or parallel change? *Diachronica* 18(2): 241-265.

Dayton, E. 1996. Grammatical Categories of the Verb in African-American Vernacular English. [Ph.D. Dissertation]. Philadelphia: University of Pennsylvania.

De Beaugrande, R. 1994. Function and form in language theory and research: The tide is turning. *Functions of Language* 1(2): 163-200.

De Smit, M. 2006. Language Contact and Structural Change: An Old Finnish Case Study. [Ph.D. Dissertation]. Stockholm: University of Stockholm.

De Sutter, G. & H. Kruger. 2018. Disentangling the motivations underlying syntactic explicitation in contact varieties: A MuPDAR analysis of *that* vs. zero complementation. In S. Granger *et al.* (eds.). *Book of Abstracts: Using Corpora in Contrastive and Translation Studies Conference* (5th ed.). 55-57.

De Sutter, G. & M. Lefer. 2020. On the need for a new research agenda for corpus-based translation studies: A multi-methodological, multifactorial and interdisciplinary approach. *Perspectives* 28(1): 1-23.

Delaere, I. & G. De Sutter. 2013. Applying a multidimensional, register-sensitive approach to visualize normalization in translated and non-translated Dutch. *Belgian Journal of Linguistics* 27(1): 43-60.

Delaere, I. & G. De Sutter. 2017. Variability of English loanword use in Belgian Dutch translations: Measuring the effect of source language and register. In G. De Sutter, M. Lefer, & I. Delaere (eds.). *Empirical Translation Studies (New Methodological and Theoretical Traditions)*. Berlin/Boston: De Gruyter Mouton.

Denver, L. 2009. Unique items in translations. In S. Göpferich, A. Jakobsen, & I. Mees (eds.). *Behind the Mind: Methods, Models and Results in Translation Process Research*. Copenhagen: Samfundslitteratur. 125-147.

Deshpande, M. M. 1979. Genesis of Rgvedic retroflexion: A historical and sociolinguistic investigation. In M. M. Deshpande & P. E. Hook (eds.). *Aryan and Non-Aryan in India*. Ann Arbor: Karoma. 235-315.

Diekmann, A. 2007. Empirische Sozialforschung: Grundlagen, Methoden, Anwendungen. Reinbek: Rowohlt Taschenbuch.

Doherty, M. 1991. Informationelle Holzwege. *Zeitschrift für Literaturwissenschaft und Linguistik* 21(84): 30-49.

Doherty, M. 1993. Parametrisierte Perspektive. *Zeitschrift für Sprachwissenschaft* 12(1): 3-38.

Doherty, M. 1998. Clauses or phrases: A principled account of *when*-clauses in translations between English and German. In S. Johansson & S. Oksefjell (eds.). *Corpora and Cross-linguistic Research: Theory, Method and Case Studies*. Amsterdam/Philadelphia: John Benjamins. 235-254.

Dorian, N. C. 2006. Negative borrowing in an indigenous language shift to the dominant national language. *International Journal of Bilingual Education and Bilingualism* 9(5): 557-577.

Dyvik, H. 1998. A translational basis for semantics. In S. Johansson & S. Oksefjell (eds.). *Corpora and Crosslinguistic Research: Theory, Method and Case Studies.* Amsterdam: Rodopi. 51-86.

Eckert, P. 2005. Variation, convention, and social meaning. Paper presented at the Annual Meeting of the Linguistic Society of America. Oakland, CA.

Field, F. W. 2002. Linguistic borrowing in bilingual contexts. *Studies in Language.* 29(1): 248-255.

Filipović, R. 1986. *Teorija jezika u kontaktu (A Theory of Languages in Contact).* Zagreb: Jugoslavenska akademija znanosti i umjetnosti.

Finzel, A. & H. Wolf. 2018. Conceptual metaphors as contact phenomena? The influence of local concepts on source and target domain. In E. Zenner, A. Backus & E. Winter-Froemel (eds.). *Cognitive Contact Linguistics: Placing Usage, Meaning and Mind at the Core of Contact-Induced Variation and Change.* Berlin/ Boston: Walter de Gruyter. 187-211.

Firth, J. R. 1957. *Papers in Linguistics: 1934-1951.* London: Oxford University Press.

Frawley, W. 1984/2001. Prolegomenon to a theory of translation. In L. Venuti (ed.). *The Translation Studies Reader.* London/New York: Routledge. 250-263.

Fuller, J. M. 2001. The principle of pragmatic detachability in borrowing: English-origin discourse markers in Pennsylvania German. *Linguistics* 39(2): 351-369.

Gardner-Chloros, P. 2009. *Code-switching.* Cambridge: Cambridge University Press.

Gellerstam, M. 1986. Translationese in Swedish novels translated from English. In L. Wollin & H. Lindquist (eds.). *Translation Studies in Scandinavia.* Lund: CWK Gleerup. 88-95.

Goldberg, A. 1995. *Constructions: A Construction Grammar Approach to Argument Structure.* Chicago: University of Chicago Press.

Greenberg, J. H. 1963. Some universals of grammar with particular reference to the order of meaningful elements. In J. H. Greenberg (ed.). *Universals of Language.* Cambridge: MIT Press. 58-90.

Guo, H. J. & D. Chow. 2014. A corpus-based variationist approach to *bei* passives in

Mandarin (Chinese). *Corpus Linguistics and Linguistic Theory* 10(1):139-173.

Halliday, M. A. K. 1989. *Spoken and Written Language*. Oxford: Oxford University Press.

Hansen-Schirra, S. 2011. Between normalization and shining-through: Specific properties of English-German translations and their influence on the target language. In S. Kranich, V. Becher, S. Höder & J. House (eds.). *Multilingual Discourse Production: Diachronic and Synchronic Perspectives*. Amsterdam/ Philadelphia: John Benjamins. 135-162.

Hansen-Schirra, S., S. Neumann & E. Steiner. 2007. Cohesive explicitness and explicitation in an English-German translation corpus. *Languages in Contrast* 7(2): 241-265.

Hansen-Schirra, S., S. Neumann & E. Steiner. 2012. *Cross-Linguistic Corpora for the Study of Translations: Insights from the Language Pair English-German*. Berlin/ Boston: De Gruyter Mouton.

Hasselblatt, C., B. De Jonge & M. Norde. 2010. Introduction. In M. Norde, B. De Jonge & C. Hasselblatt (eds.). *Language Contact: New Perspectives*. Amsterdam/ Philadelphia: John Benjamins. 1-6.

Haugen, E. 1969. *The Norwegian Language in America: A Study in Bilingual Behavior (Vol. 1: The Bilingual Community; Vol. II: The American Dialects of Norwegian)*. Bloomington: Indiana University Press.

Heggarty, P. 2006. Interdisciplinary indiscipline? Can phylogenetic methods meaningfully be applied to language data – and to dating language? In P. Forster & C. Renfrew (eds.). *Phylogenetic Methods and the Prehistory of Languages*. Cambridge: McDonald Institute for Archaeological Research. 183-194.

Heine, B. & T. Kuteva. 2005. *Language Contact and Grammatical Change*. Cambridge: Cambridge University Press.

Herzog, G. 1941. Culture change and language: Shifts in the Pima vocabulary. In A. Spier, I. Hallowell & S. Newman (eds.). *Language, Culture and Personality: Essays in Memory of Edward Sapir*. Menasha: Sapir Memorial Publication Fund. 66-74.

Hesseling, D. C. 1899. *Het Afrikaansch: Bijdrage tot de geschiedenis der Nederlandsche taal in Zuid-Afrika*. Leiden: E. J. Brill.

Hesseling, D. C. 1905. *Het Negerhollands der Deense Antillen: Bijdrage tot de geschiedenis der Nederlandsche taal in Amerika*. Leiden: A. W. Sijthoff.

Hickey, R. 2010. Language contact: Reconsideration and reassessment. In R. Hickey (ed.). *The Handbook of Language Contact*. Chichester: Wiley-Blackwell. 1-28.

Höder, S. 2014. Convergence vs. divergence from a diasystematic perspective. In K. Braunmüller, S. Höder & K. Kühl (eds.). *Stability and Divergence in Language Contact: Factors and Mechanism*. Amsterdam/Philadelphia: John Benjamins. 39-60.

House, J. 1977. *A Model for Translation Quality Assessment*. Tübingen: Gunter Narr.

House, J. 1997. *Translation Quality Assessment: A Model Revisited*. Tübingen: Gunter Narr.

House, J. 2003. English as a Lingua Franca: A threat to multilingualism? *Journal of Sociolinguistics* 7(4): 556-578.

House, J. 2004. Explicitness in discourse across languages. In J. House, W. Koller & K. Schubert (eds.). *Neue Perspektiven in der übersetzungs- und Dolmetschwissenschaft*. Bochum: AKS. 185-208.

House, J. 2008. Beyond intervention: Universals in translation? *Trans-Kom* 1(1): 6-19.

House, J. 2011a. Using translation and parallel text corpora to investigate the influence of global English on textual norms in other languages. In A. Kruger, K. Wallmach & J. Munday (eds.). *Corpus-Based Translation Studies: Research and Applications*. London: Continuum. 187-208.

House, J. 2011b. Linking constructions in English and German translated and original texts. In S. Kranich V. Becher, S. Höder & J. House (eds.). *Multilingual Discourse Production: Diachronic and Synchronic Perspectives*. Amsterdam/Philadelphia: John Benjamins. 163-182.

House, J. 2016. *Translation as Communication across Languages and Cultures*. London/New York: Routledge.

Hsieh, S. C. Y. & H. L. Hsu. 2006. Japan mania and Japanese loanwords in Taiwan Mandarin: Lexical structure and social discourse. *Journal of Chinese Linguistics* 34(1): 44-79.

Hudson, R. A. 1996. *Sociolinguistics* (2nd ed.). Cambridge: Cambridge University Press.

Hundt, M. 2004. The passive and the progressive passive: A case study of layering in the English aspect and voice systems. In H. Lindquist & C. Mair (eds.). *Corpus Approaches to Grammaticalization in English*. Amsterdam/Philadelphia: John Benjamins. 79-120.

Ivaska, I. & S. Bernardini. 2020. Constrained language use in Finnish: A corpus-driven approach. *Nordic Journal of Linguistics* 43(1): 33-57.

Ji, M. 2012. Hypothesis testing in corpus-based literary translation studies. In M. Oakes & M. Ji (eds.). *Quantitative Methods in Corpus-Based Translation Studies: A Practical Guide to Descriptive Translation Research*. Amsterdam/Philadelphia: John Benjamins. 53-72.

Johanson, L. 2002. Contact-induced change in a code-copying framework. In M. C. Jones & E. Esch (eds.). *Language Change: The Interplay of Internal, External and Extra-Linguistic Factors*. Berlin/Boston: De Gruyter Mouton. 285-314.

Joseph, B. D. 2008. The editor's department: Last scene of all ... *Language* 84(4): 686-690.

Just, M. A. & P. A. Carpenter. 1980. A theory of reading: From eye fixations to comprehension. *Psychological Review* 87(4): 329-354.

Hansen, S. 2002. The Nature of Translated Text. An Interdisciplinary Methodology for the Investigation of the Specific Properties of Translations. [Ph.D. Dissertation]. Saarbrücken: Univerität des Saarlandes.

Johanson, L. 2008. Remodeling grammar: Copying, conventionalization, grammaticalization. In P. Siemun & N. Kintana (eds.). *Language Contact and Contact Languages*. Amsterdam/Philadelphia: John Benjamins. 61-79.

Kachru, B. B. 1985. Standards, codification and sociolinguistic realism: The English language in the outer circle. In R. Quirk & H. Widdowson (eds.). *English in the World: Teaching and Learning the Language and Literatures*. Cambridge: Cambridge University Press. 11-30.

Kajzer-Wietrzny, M. 2021. An intermodal approach to cohesion in constrained and unconstrained language. *Target* 34(1): 130-162.

Kask, H. 2019. To agree or not to agree? English adjectives in Estonian-English bilingual blogs and vlogs. *ESUKA-JEFUL* 10(2): 85-123.

Keenan, E. & B. Comrie. 1977. Noun phrase accessibility and universal grammar. *Linguistic Inquiry* 8(1): 63-99.

Kenny, D. 1998. Corpora in translation studies. In M. Baker (ed.). *Routledge Encyclopedia of Translation Studies*. London/New York: Routledge. 50-53.

Kenny, D. 2001. *Lexis and Creativity in Translation: A Corpus-Based Study*. Manchester: St. Jerome.

King, R. 2000. *The Lexical Basis of Grammatical Borrowing: A Prince Edward Island French Case Study*. Amsterdam/Philadelphia: John Benjamins.

Klaudy, K. 2008. Explicitation. In M. Baker & G. Saldanha (eds.). *Routledge Encyclopedia of Translation Studies* (2nd ed.). London/New York: Routledge. 104-108.

Klinger, S. 2015. *Translation and Linguistic Hybridity: Constructing World View*. London/New York: Routledge.

Klintborg, S. 2001. Convergence, avoidance and absence: Signs of language attrition in American Swedish. In P. S. Ureland (ed.). *Global Eurolinguistics: European Languages in North America—Migration, Maintenance and Death*. Tübingen: Max Niemeyer Verlag. 179-197.

Kloss, H. 1927. Spracherhaltung. *Archiv für Politik und Geschichte* 5(4): 456-462.

Kolehmainen, L. 2013. Die Unikat-Hypothese der Translation: Etwas Altes, etwas Neues und etwas Geliehenes. *Trans-Kom* 6(1): 92-114.

Kolehmainen, L. & H. Riionheimo. 2016. Literary translation as language contact: A pilot study on the Finnish passive. *Current Issues in the Linguistic Analysis of Literary Translations* 5(3): 1-32.

Kolehmainen, L., L. Meriläinen & H. Riionheimo. 2014. Interlingual reduction: Evidence from language contacts, translation and second language acquisition. In H. Paulasto, L. Meriläinen, H. Riionheimo & M. Kok (eds.). *Language Contacts at the Crossroads of Disciplines*. Newcastle upon Tyne: Cambridge Scholars Publishing. 3-32.

Kotze, H. & S. Havelson. 2021. Norms, constraints, risks: A usage-based perspective on sociocognitive constructs in corpus-based translation studies (and beyond). In S. Castagnoli, S. Bernardini, A. Ferraresi & M. Miličević Petrović (eds.). *Book of Abstracts. Using Corpora in Contrastive and Translation Studies Conference* (6th ed.). Bertinoro: Department of Interpreting and Transation. 189-190.

Kranich, S. 2014. Translations as a locus of language contact. In J. House (ed.). *Translation: A Multidisciplinary Approach*. London: Palgrave Macmillan. 96-115.

Kranich, S., J. House & V. Bechor. 2012. Changing conventions in English-German translations of popular-science texts. In K. Braunmüller & C. Gabriel (eds.). *Multilingual Individuals and Multilingual Societies*. Amsterdam/Philadelphia: John Benjamins. 315-334.

Kranich, S., V. Becher & S. Höder. 2011. A tentative typology of translation-induced language change. In S. Kranich, V. Becher, S. Höder & J. House (eds.). *Multilingual Discourse Production: Diachronic and Synchronic Perspectives*. Amsterdam/Philadelphia: John Benjamins. 9-44.

Kranich, S., V. Becher, S. Höder & J. House. 2011. *Multilingual Discourse Production: Diachronic and Synchronic Perspectives*. Amsterdam/Philadelphia: John Benjamins.

Krug, M. & J. Schlüter. 2013. *Research Methods in Language Variation and Change*. Cambridge: Cambridge University Press.

Kruger, H. 2012. A corpus-based study of the mediation effect in translated and edited language. *Target* 24 (2): 355-388.

Kruger, H. & A. Smith. 2018. Colloquialization versus densification in Australian English: A multidimensional analysis of the Australian Diachronic Hansard Corpus (ADHC). *Australian Journal of Linguistics* 38(3): 293-328.

Kruger, H. & B. Rooy. 2012. Register and the features of translated language. *Across Languages and Cultures* 13(1): 33-65.

Kruger, H. & B. Rooy. 2016a. Constrained language: a multidimensional analysis of translated English and a non-native indigenised variety of English. *English World-Wide* 37(1): 26-57.

Kruger, H. & B. Rooy. 2016b. Syntactic and pragmatic transfer effects in reported-speech constructions in three contact varieties of English influenced by Afrikaans. *Language Sciences* 56: 118-131.

Kruger, H. & B. Rooy. 2017. Editorial practice and the progressive in Black South African English. *World Englishes* 36(1): 20-41.

Kruger, H. & B. Rooy. 2018. Register variation in written contact varieties of English: a multi-dimensional analysis. *English World-Wide* 39 (2): 214-242.

Kubler, C. C. 1985. *A Study of Europeanized Grammar in Modern Written Chinese*. Taipei: Student Book Co., Ltd.

Kühl, K. 2011. Features of writtenness transferred: Faroe-Danish language of distance. In S. Kranich V. Becher, S. Höder & J. House (eds.). *Multilingual Discourse Production: Diachronic and Synchronic Perspectives*. Amsterdam/Philadelphia: John Benjamins. 183-206.

Kühl, K. & K. Braunmüller. 2014. Linguistic stability and divergence: An extended perspective on language contact. In K. Braunmüller, S. Höder & K. Kühl (eds.). *Stability and Divergence in Language Contact: Factors and Mechanisms*. Amsterdam/Philadelphia: John Benjamins. 13-38.

Kujamäki, P. 2004. What happens to "unique items" in learners' translations? "Theories" and "concepts" as a challenge for novices' views on "good translation". In A. Mauranen & P. Kujamäki (eds.). *Translation Universals: Do They Exist?* Amsterdam/Philadelphia: John Benjamins. 187-204.

Kunz, K. & E. Steiner. 2012. Towards a comparison of cohesive reference in English and German: System and text. *Linguistics and the Human Sciences* 6(1-3): 219-251.

Kuo, P. J. & J. Ting. 2007. Light verb, heavy verb, and verbal noun in Mandarin Chinese. In Proceedings of the 9th Seoul International Conference on Generative Grammar (SICOGG 9). Korea: Kwangwoon University. 349-357.

Kytö, M. & M. Rissanen. 1996. English historical corpora: Report on development in 1995. *ICAME Journal* 20: 117-133.

Labov, W. 1963. The social motivation of a sound change. *Word* 19(3): 273-309.

Labov, W. 1969. Contraction, deletion, and inherent variability of the English copula. *Language* 45(4): 715-762.

Labov, W. 1972a. Principles of language change. In J. Gumperz & D. Hymes (eds.). *Directions in Sociolinguistics: The Ethnography of Communication*. New York: Holt, Rinehart & Winston. 512-538.

Labov, W. 1972b. *Sociolinguistic Patterns*. Philadelphia: University of Pennsylvania Press.

Labov, W. 1981. What can be learned about change in progress from synchronic description? In D. Sankoff & H. Cedergren (eds.). *Variation Omnibus*. Edmonton: Linguistic Research. 177-200.

Labov, W. 1984. Field methods of the project on linguistic change and variation. In J. Baugh & J. Sherzer (eds.). *Language in Use: Readings in Sociolinguistics*. New York:

Prentice Hall. 28-53.

Labov, W. 1994. *Principles of Linguistic Change (Vol. 1: Internal Factors)*. Oxford: Blackwell.

Langacker, R. W. 1987. *Foundations of Cognitive Grammar (Vol. I: Theoretical Prerequisites)*. Stanford: Stanford University Press.

Langacker, R. W. 1991. *Foundations of Cognitive Grammar (Vol. II: Descriptive Application)*. Stanford: Stanford University Press.

Langacker, R. W. 2008. *Cognitive Grammar: A Basic Introduction*. Oxford: Oxford University Press.

Lanstyák, I. & P. Heltai. 2012. Universals in language contact and translation. *Across Languages and Cultures* 13(1): 99-121.

Laviosa-Braithwaite, S. 1996. The English Comparable Corpus (ECC): A Resource and a Methodology for the Empirical Study of Translation. [Ph.D. Dissertation]. Manchester: University of Manchester.

Leech, G., M. Hundt, C. Mair & N. Smith. 2009. *Change in Contemporary English: A Grammatical Study*. Cambridge: Cambridge University Press.

Levshina, N. 2015. European analytic causatives as a comparative concept: Evidence from a parallel corpus of film subtitles. *Folia Linguistica* 49(2): 487-520.

Livne-Kafri, O. 2014. Tautological infinitive: The reflection of Coptic in Arabic (MS Paris BN copte 1). *Acta Orientalia Academiae Scientiarum Hungaricae* 67(3): 305-311.

Mäkisalo J., & M. Lehtinen. 2014. Dissociation of linguistic and cognitive description in translation: The cognitive figure-ground alignment. In H. Paulasto, L. Meriläinen, H. Riionheimo & M. Kok (eds.). *Language Contacts at the Crossroads of Disciplines*. Newcastle upon Tyne: Cambridge Scholars Publishing. 191-214.

Malamatidou, S. 2013. Translation and Language Change with Reference to Popular Science Articles: The Interplay of Diachronic and Synchronic Corpus-Based Studies. [Ph.D. Dissertation]. Manchester: Manchester University.

Malamatidou, S. 2016. Understanding translation as a site of language contact: The potential of the code-copying framework as a descriptive mechanism in translation studies. *Target* 28(3): 399-423.

Malamatidou, S. 2017a. Creativity in translation through the lens of contact linguistics: A multilingual corpus of *A Clockwork Orange*. *The Translator* 23(3): 292-309.

Malamatidou, S. 2017b. Why changes go unnoticed: The role of adaptation in translation-induced linguistic change. *Lingua* 200: 22-32.

Malamatidou, S. 2018. *Corpus Triangulation: Combining Data and Methods in Corpus-Based Translation Studies*. London/New York: Routledge.

Martínez-Gibson, E. A. 2016. Language contact: A study of the Spanish in two Spanish-language presses in Charleston, South Carolina. *Journal of Language Contact* 9(2): 335-372.

Matras, Y. 2009. *Language Contact*. Cambridge: Cambridge University Press.

McEnery, T. & A. Hardie. 2011. *Corpus Linguistics: Method, Theory and Practice*. Cambridge: Cambridge University Press.

McLaughlin, M. 2011. *Tradurre/Tradire: Translation as a Cause of Linguistic Change from Manuscripts to the Digital Age*. Berkeley: The Doe Library.

Meillet, A. 1921. *Linguistique historique et linguistique Générale*. Paris: Champion.

Miller, G. A. 1956. The magical number seven, plus or minus two: Some limits on our capacity for processing information. *Psychological Review* 63(2): 81-97.

Mougeon, R., & É. Beniak. 1991. *Linguistic Consequences of Language Contact and Restriction: The case of French in Ontario, Canada*. Oxford: Clarendon Press.

Mous, M. 2020. Transfer of Swahili 'until' in contact with East African languages. In N. Smith, T. Veenstra & E. Aboh (eds.). *Contact Language Library*. Amsterdam/Philadesphia: John Benjamins. 217-233.

Müller, F. M. 1875. *Lectures on the Science of Language*. New York: Scribner & Armstrong.

Myers-Scotton, C. 1993. *Duelling Languages: Grammatical Structure in Codeswitching*. Oxford: Oxford University Press.

Nadkarni, M. V. 1975. Bilingualism and syntactic change in Konkani. *Language* 51(3): 672-683.

Neumann, S. 2003. *Textsorten und Übersetzen: Eine Korpusanalyse Englischer und Deutscher Reiseführer*. Frankfurt am Main: Lang.

Neumann, S. 2013. *Contrastive Register Variation: A Quantitative Approach to the Comparison of English and German*. Berlin/Boston: De Gruyter Mouton.

Neumann, S. 2011. Assessing the impact of translation on English-German language contact: Some methodological considerations. In S. Kranich V. Becher, S. Höder & J. House (eds.). *Multilingual Discourse Production: Diachronic and Synchronic Perspectives*. Amsterdam/Philadelphia: John Benjamins. 233-256.

Neumann, S. 2014. Cross-linguistic register studies: Theoretical and methodological considerations. *Languages in Contrast* 14(1): 35-57.

Newmark, P. 1988. *A Textbook of Translation*. New York: Prentice Hall.

Nord, C. 1991. *Text Analysis in Translation: Theory, Methodology, and Didactic Application of a Model for Translation-Oriented Text Analysis*. Amsterdam/Atlanta: Rodopi.

Oksaar, E. 1972. Bilingualism. In T. A. Sebeok (ed.). *Current Trends in Linguistics (Vol. 9: Linguistics in Western Europe)*. The Hague: Mouton. 476-511.

Olohan, M. 2002. Leave it out! Using a comparable corpus to investigate aspects of explicitation in translation. *Cadernos de tradução* 1(9): 153-169.

Olohan, M. 2004. *Introducing Corpora in Translation Studies*. London/New York: Routledge.

Olohan, M. & M. Baker. 2000. Reporting *that* in translated English: Evidence for subconscious processes of explicitation? *Across Languages and Cultures* 1(2): 141-158.

Onysko, A. 2018. Reconceptualizing language contact phenomena as cognitive processes. In E. Zenner, A. Backus & E. Winter-Froemel (eds.). *Cognitive Contact Linguistics: Placing Usage, Meaning and Mind at the Core of Contact-Induced Variation and Change*. Berlin/Boston: Walter de Gruyter. 23-50.

Overas, L. 1998. In search of the third code: An investigation of norms in literary translation. *Meta* 43(4): 557-570.

Ožbot, M. 2014. The case for a common framework for transfer-related phenomena in the study of translation and language contact. In H. Paulasto, L. Meriläinen, H. Riionheimo & M. Kok (eds.). *Language Contacts at the Crossroads of Disciplines*. Newcastle upon Tyne: Cambridge Scholars Publishing. 131-160.

Ožbot, M. 2016. Foreignization and domestication: A view from the periphery. In T. Seruya, J. Justo (eds.). *Rereading Schleiermacher: Translation, Cognition and Culture*. Berlin: Springer. 277-289.

Pang, S. Z. & K. F. Wang. 2020. Language contact through translation: The influence of explicitness in English-Chinese translation on language change in vernacular Chinese. *Target* 32(3): 420-455.

Paul, H. 1886. *Prinzipien der Sprachgeschichte*. Halle: M. Neimeyer.

Paulasto, H., L. Meriläinen, H. Riionheimo & M. Kok. 2014. *Language Contacts at the Crossroads of Disciplines*. Newcastle upon Tyne: Cambridge Scholars Publishing.

Penttilä, E., & P. Muikku-Werner. 2014. Understanding translated vs. non-translated figurative idioms: Results of a questionnaire survey. In H. Paulasto, L. Meriläinen, H. Riionheimo & M. Kok (eds.). *Language Contacts at the Crossroads of Disciplines*. Newcastle upon Tyne: Cambridge Scholars Publishing. 161-190.

Poplack, S. 1980. Sometimes I'll start a sentence in Spanish Y TERMINO EN ESPAÑOL: Toward a typology of code-switching. *Linguistics* 18: 581-618.

Pound, E. 1968. Notes on Elizabethan Classists. In T. S. Eliot (ed.). *Literary Essays of Ezra Pound*. New York: New Directions. 227-248.

Pratt, M. L. 2011. Comparative literature and the global language scape. In A. Behdad & D. Thomas (eds.). *A Companion to Comparative Literature*. Oxford: Blackwell. 273-295.

Quirk, R., S. Greenbaum, G. Leech & J. Svartvik. 1985. *A Grammar of Contemporary English*. London: Longman.

Redelinghuys, K. 2016. Levelling-out and register variation in the translations of experienced and inexperienced translators: A corpus-based study. *Stellenbosch Papers in Linguistics* 45: 189-220.

Reed, C. E. 1948. The adaptation of English to Pennsylvania German morphology. *American Speech* 23(3/4): 239-244.

Reid, T. B. W. 1956. Linguistics, structuralism and philology. *Archivum Linguisticum* 8(1):28-37.

Reiss, K. 1971. *Möglichkeiten und Grenzen der Übersetzungskritik: Kategorien und Kriterien für eine sachgerechte Beurteilung von Übersetzungen*. Munich: Max Hueber.

Riionheimo, H., L. Kolehmainen & L. Meriläinen. 2014. Suomen passiivi kontaktissa. Kieltenvälisiä kytköksiä migraatiossa, toisen kielen omaksumisessa ja kääntämisessä. *Virittäjä* 3: 334-371.

Romaine, S. 1995. *Bilingualism* (2nd ed.). Oxford: Blackwell.

Rottet, K. 2017. Translation and contact languages: The case of motion events. *Babel* 63(4): 523-555.

Salmons, J. 1990. Bilingual discourse marking: code switching, borrowing, and convergence in some German-American dialects. *Linguistics* 28(3): 453-480.

Sapir, E. 1921. *Language: An Introduction to the Study of Speech*. New York: Harcourt, Brace & World, Inc.

Sasse, H. 1992. Language decay and contact-induced change: Similarities and differences. In M. Brenzinger (ed.). *Language Death: Factual and Theoretical Explorations with Special Reference to East Africa*. Berlin/Boston: De Gruyter Mouton. 59-80.

Schaefer, U. 2011. Travelling the path of discourse traditions: A simple analysis of the lexical innovation blisfulnesse in Chaucer's Boece. In S. Kranich V. Becher, S. Höder & J. House (eds.). *Multilingual Discourse Production: Diachronic and Synchronic Perspectives*. Amsterdam/Philadelphia: John Benjamins. 45-70.

Schleiermacher, F. 1813/2012. Über die verschiedenen Methoden des Übersetzens. In Hans J. S. (ed.). *Das Problem des Ubersetzens*. Darmstadt: Wissenschaftliche Buchgesellschaft. 38-70.

Schmidt, J. 1872. *Die Verwantschaftsverhältnisse der Indogermanischen Sprachen*. Weimar: H. Böhlau.

Schneider, E. 2007. *Postcolonial English: Varieties around the World*. Cambridge: Cambridge University Press.

Schneider, E. 2012. Exploring the interface between World Englishes and second language acquisition – and implications for English as a Lingua Franca. *Journal of English as a Lingua Franca* 1(1): 57-91.

Schuchardt, H. 1882. Kreolische Studien I: Ueber das Negerportugiesische von S. Thomé (Westafrika). *Sitzungsberichte der kaiserlichen Akademie der Wissenschaften zu Wien* 101 (2): 889-917.

Schuchardt, H. 1883. Kreolische Studien V: Ueber das Melaneso-englische. *Sitzungsberichte der kaiserlichen Akademie der Wissenschaften zu Wien* 105(1): 151-161.

Schuchardt, H. 1884. *Slawodeutsches und Slaawo-italienisches*. Graz: Leuschner & Lubensky.

Shlesinger, M. (1992). Lexicalization in translation: An empirical study of students' progress. In C. Dollerup & A. Loddegaard (eds.). *Teaching Translation and Interpreting: Training, Talent, and Experience*. Amsterdam/Philadelphia: John Benjamins. 123-127.

Siemund, P. & N. Kintsna. 2008. *Language Contact and Contact Languages*. Amsterdam/Philadelphia: John Benjamins.

Silva-Corvalán, C. 1994. *Language Contact and Change: Spanish in Los Angeles*. Oxford: Clarendon Press.

Simon, S. 2018. German, translation, and the world in Czernowitz. In S. Bassnett (ed.). *Translation and World Literature*. London/New York: Routledge. 92-106.

Steiner, E. 2001. Translations English-German: Investigating the relative importance of systemic contrasts and of the text type "translation". *SPRIK Reports* 7: 1-47.

Steiner, E. 2005a. Explicitation, its lexicogrammatical realization, and its determining (independent) variables – towards an empirical and corpus-based methodology. *SPRIK Reports* 36: 1-42.

Steiner, Eric. 2005b. Some properties of lexicogrammatical encoding and their implications for situations of language contact and multilinguality. *LiLi, Zeitschrift für Literaturwissenschaft und Linguistik* 35(139): 54-75.

Steiner, E. 2008. Empirical studies of translations as a mode of language contact – "explicitness" of lexicogrammatical encoding as a relevant dimension. In P. Siemund & N. Kintana (eds.). *Language Contact and Contact Languages*. Amsterdam/Philadelphia: John Benjamins. 317-346.

Steiner, E. 2012. Methodological cross-fertilization: empirical methodologies in (computational) linguistics and translation studies. In O. Čulo & S. Hansen-Schirra (eds.). *Crossroads Between Contrastive Linguistics, Translation Studies and Machine Translation*. Berlin: Language Science Press. 3-21.

Steiner, E. 2015. Contrastive studies of cohesion and their impact on our knowledge of translation (English-German). *Target* 27(3): 351-369.

Stubbs, M. 1996. *Text and Corpus Analysis: Computer-Assisted Studies of Language and Culture*. Oxford: Blackwell.

Tamaredo, I. 2017. Syntactic complexity and language contact: A corpus-based study of relative clauses in British English and Indian English. *Alicante Journal of*

English Studies 30: 151-184.

Taylor, A. 2008. Contact effects of translation: Distinguishing two kinds of influence in Old English. *Language Variation and Change* 20(2): 341-365.

Teich, E. 2003. *Cross-linguistic Variation in System and Text: A Methodology for the Investigation of Translations and Comparable Texts.* Berlin/Boston: Walter de Gruyter.

Thomason, S. G. 2001. *Language Contact: An Introduction.* Edinburgh: Edinburgh University Press.

Thomason, S. G. & T. Kaufman. 1988. *Language Contact, Creolization, and Genetic Linguistics.* Berkeley: University of California Press.

Tiedemann, J. 2012. Parallel data, tools and interfaces in OPUS. In Proceedings of the eighth international conference on language resources and evaluation (LREC-2012 Istanbul, 21–27 May), 2214-2218.

Tirkkonen-Condit, S. 2002. Translationese: A myth or an empirical fact? A study into the linguistic identifiability of translated language. *Target* 14(2): 207-220.

Tirkkonen-Condit, S. 2004. Unique items – over- or under-represented in translated language? In A. Mauranen & P. Kujamäki (ed.). *Translation Universals: Do They Exist?* Amsterdam/Philadelphia: John Benjamins. 177-184.

Torres, L. 2002. Bilingual discourse markers in Puerto Rican Spanish. *Language in Society* 31(1): 65-83.

Toury, G. 1995. *Descriptive Translation Studies and Beyond.* Amsterdam/Philadelphia: John Benjamins.

Trips, C. 2020. Impersonal and reflexive uses of Middle English psych verbs under contact influence with Old French. *Linguistics Vanguard* 6(s2): 1-14.

Trudgill, P. 2011. *Sociolinguistic Typology: Social Determinants of Linguistic Complexity.* Oxford: Oxford University Press.

Ure, J. 1982. Introduction: Approaches to the study of register range. *International Journal of the Sociology of Language* 35: 5-23.

Venuti, L. 1995. *The Translator's Invisibility: A History of Translation.* London/New York: Routledge.

Verschik, A. 2018. English-Estonian code-copying in blogs: Combining a contact linguistic and cognitive approach. In E. Zenner, A. Backus & E. Winter-Froemel (eds.). *Cognitive Contact Linguistics: Placing Usage, Meaning and Mind at the Core of Contact-Induced Variation and Change*. Berlin/Boston: Walter de Gruyter. 51-80.

Viernes, G. B. 2020. Language variation, contact, revitalization, and translation: A corpus approach to allocutive agreement in Basque. *Journal of Language and Law* 74: 38-57.

Walter, B. 1968. The task of the translator. In L. Venuti (ed.). *The Translation Studies Reader*. London/New York: Routledge. 15-23.

Wang, K. F. & H. W. Qin. 2009. A parallel corpus-based study of general features of translated Chinese. *Foreign Language Research* 146(1): 102-105.

Weber, B. 2011. Evidence of language contact in the Parliament rolls of Medieval England: Notwithstanding-constructions as a case of Nachbau. In S. Kranich V. Becher, S. Höder & J. House (eds.). *Multilingual Discourse Production: Diachronic and Synchronic Perspectives*. Amsterdam/Philadelphia: John Benjamins. 71-86.

Wei, H. F., Q. Z. Zhu & B. Qiu. 2016. Construction of a Bilingual Annotated Corpus with Chinese Buddhist Translation and Their Sanskrit Parallels. Papers presented at the 2016 International Conference on Asian Language Processing (IALP), Tainan, Taiwan, China, November 2016.

Weinreich, U. 1953/1974. *Languages in Contact: Findings and Problems*. The Hague: Mouton.

Whitney, W. D. 1881. On mixture in language. *Transactions of the American Philosophical Association* 12: 5-26.

Wichmann, S. & J. Wohlgemuth. 2008. Loan verbs in a typological perspective. In T. Stolz, D. Bakker & R. Palomo (eds.). *Aspects of Language Contact: New Theoretical, Methodological and Empirical Findings with Special Focus on Romancisation Processes*. Berlin/Boston: Walter de Gruyter. 89-121.

Winford, D. 2003. *An Introduction to Contact Linguistics*. Oxford: Blackwell.

Wu, J. 2020. Mechanisms of contact-induced linguistic creations in Chinese Buddhist translations. *Acta Orientalia Academiae Scientiarum Hungaricae* 73(3): 385-418.

Wurm, A. 2011. Translation-induced formulations of directives in early modern German cookbooks. In S. Kranich V. Becher, S. Höder & J. House (eds.). *Multilingual Discourse Production: Diachronic and Synchronic Perspectives*. Amsterdam/Philadelphia: John Benjamins. 87-108.

Xia, L. X., Y. Xia, Y. H. Zhang & H. Nesi. 2016. The corpora of China English: Implications for an EFL dictionary for Chinese learners of English. *Lexikos* 26: 416-435.

Yip, V. & S. Matthews. 2006. Assessing language dominance in bilingual acquisition: A case for mean length utterance differentials. *Language Assessment Quarterly* 3(2): 97-116.

Zanettin, F. 2012. *Translation-Driven Corpora: Corpus Resources for Descriptive and Applied Translation Studies.* London/New York: Routledge.

Zenner, E., A. Backus & E. Winter-Froemel. 2018. *Cognitive Contact Linguistics: Placing Usage, Meaning and Mind at the Core of Contact-Induced Variation and Change.* Berlin/Boston: Walter de Gruyter.

Zhang, Y. H. & H. F. Mi. 2019. A corpus-based evolution of Chinese Englishes from a language contact perspective. *International Journal of English Linguistics* 9(6): 37-48.

Zimmer, C. 2021. Linguistic characteristics of German in Namibia: A corpus-based overview. *Sprachwissenschaft* 46(2): 227-266.

Zhou, S. 2013. A study of Chinese lexical borrowings from English. *Advances in Education Research* 34: 223-228.

北京师范学院中文系汉语教研组, 1959,《五四以来汉语书面语言的变迁和发展》。北京: 商务印书馆。

戴光荣, 2013,《译文源语透过性效应研究》。上海: 上海交通大学出版社。

戴光荣、左尚君, 2018, 汉语译文中轻动词的使用特征研究: 基于语料库的探讨,《外语教学与研究》50（2）: 268-280+321。

党静鹏, 2017, 外来词本土化过程的微观考察——外来词 "粉丝" 个案研究,《当代修辞学》（2）: 76-86。

刁晏斌, 2019, 百年书面汉语与中国语文现代化运动: 历史、现实与反思——为纪念现代汉语一百周年而作,《北华大学学报（社会科学版）》20（1）: 1-13。

刁晏斌, 2000, 论现代汉语史,《辽宁师范大学学报》（6）: 69-73。

刁晏斌, 2004,《现代汉语虚义动词研究》。大连: 辽宁师范大学出版社。

刁晏斌, 2021, 论 "汉语欧化史",《辽宁师范大学学报（社会科学版）》44（5）: 1-14。

杜爱贤, 2000, 谈谈佛经翻译对于现代汉语的影响,《世界宗教文化》（2）: 48-49。

方华文, 2008, 《20世纪中国翻译史》。西安: 西北大学出版社。

方欣欣, 2004, 语言接触与借词研究的新视角——《语言接触与以色列希伯来语词汇扩充研究》介绍, 《外语教学与研究》36 (1): 71-72。

巩雪先、黄立波, 2019, 汉语译文中句首介词 "在" 欧化用法的语料库考察, 《外语研究》36 (3): 84-90。

贡贵训, 2018, 近现代汉语英源词的汉译特征——以《近现代汉语新词词源词典》为中心, 《外国语文研究》4 (2): 66-73。

郭鸿杰、韩红, 2012, 语料库驱动的英汉语言接触研究: 以 "被" 字句为例, 《外语教学与研究》44 (3): 359-370+479。

郭鸿杰、周芹芹, 2019, 基于英汉科普平行语料库的翻译汉语 "被" 字句语义韵特征研究, 《外语教学理论与实践》(2): 83-90。

郭鸿杰, 2005, 《英语对现代汉语的影响》。上海:上海交通大学出版社。

何烨, 2004, 改革开放以来英语对汉语句法的影响, 《四川外语学院学报》(3): 129-133+145。

贺阳, 2008, 《现代汉语欧化语法现象研究》。北京: 商务印书馆。

胡加圣、郭鸿杰、戚亚娟, 2021, 翻译共性之范化假设的短语学考察, 《中国翻译》42 (4): 141-149。

胡开宝、王彬, 2008, 外来词翻译与汉语词义的扩大, 《西安外国语大学学报》(1): 70-74。

胡开宝, 2006, 汉外语言接触研究近百年: 回顾与展望, 《外语与外语教学》(5): 53-57。

胡开宝, 2011, 《语料库翻译学概论》。上海: 上海交通大学出版社。

胡开宝, 2005, 论英汉词典历史文本对汉语现代化进程的影响, 《外语与外语教学》37 (3): 57-60。

胡开宝, 2021, 数字人文视域下现代中国翻译概念史研究——议题、路径与意义, 《中国外语》18 (1): 10-11。

胡明扬, 1996, 《词类问题考察》。北京: 北京语言学院出版社。

胡显耀, 2010, 基于语料库的汉语翻译语体特征多维分析, 《外语教学与研究》42 (6): 451-458+481。

胡显耀、曾佳, 2009, 对翻译小说语法标记显化的语料库研究。《外语研究》(5): 72-79。

柯飞, 2005, 翻译中的隐和显, 《外语教学与研究》37 (4): 303-307。

蓝红军, 2010, 明末清初传教士科技翻译的主体性特点,《江苏科技大学学报(社会科学版)》10(1): 93-97。

黎锦熙, 1924,《新著国文语法》。长沙: 湖南教育出版社。

李颖玉, 2010, 基于语料库的欧化翻译研究。博士学位论文。上海: 上海外国语大学。

陆丙甫、蔡振光, 2009, "组块" 与语言结构难度,《世界汉语教学》23(1): 3-16。

卢越、李良炎, 2018, 基于复合语料库的汉语语篇组织方式英化研究,《语料库语言学》5(1): 79-94+117。

马祖毅, 1982,《中国翻译简史》。北京: 中国对外翻译出版公司。

庞双子、王克非, 2015, 基于语料库考察翻译与语言发展的关系——从尤莉安娜·豪斯的相关研究谈起,《中国外语》12(4): 80-87。

庞双子、胡开宝, 2019, 翻译共性中的显化问题研究,《现代外语》42(1): 61-71。

庞双子、王克非, 2018a, 透过翻译的语言接触研究——翻译文本的 "显化" 特征对原生文本的历时影响,《外语教学与研究》50(2): 253-267+320-321。

庞双子、王克非, 2018b, 翻译文本语体 "显化" 特征的历时考察,《中国翻译》39(5): 13-20+48+127。

庞双子、王克非, 2020, 翻译和语言接触研究的理论进展,《上海交通大学学报(哲学社会科学版)》28(6): 86-95。

庞双子, 2017, 透过翻译的语言接触研究——英汉文学翻译中显化和隐化的历时复合语料库考察。博士学位论文。北京: 北京外国语大学。

庞双子, 2020, 翻译文本的语体特征——多维度语料库考察,《上海翻译》, 2020(6): 29-34。

庞双子, 2021,《基于新型历时复合语料库的翻译汉语特征研究》。上海: 上海交通大学出版社。

庞双子, 2018, 基于英汉历时平行语料库的源语透过性研究——以物称代词it为例,《外国语》41(6): 91-101。

秦洪武、孔蕾, 2018, 翻译语言影响原创语言的途径和方式——基于汉语结构复杂度的分析,《外国语》41(5): 15-26。

秦洪武、司佳冰, 2015, 翻译与目标语发展的互动研究——翻译与现代汉语言据类标记的历时变化,《外国语》38(5): 23-32。

秦洪武、王克非, 2009, 基于对应语料库的英译汉语言特征分析,《外语教学与研究》41(2): 131-136+161。

秦洪武、王玉, 2014, 从详述类话语标记看翻译与现代汉语话语组织的发展,《外语教学与研究》46（4）：521-530+639。

秦洪武、夏云，2017，《基于历时语料的翻译与现代汉语互动研究》。上海：上海交通
　　大学出版社。

秦洪武、刘丹丹、杜肖颖，2016，从推理类话语标记的演化看翻译与现代汉语的互动，
　　《语料库语言学》3（1）：1-12+115。

阮加龙，2013，明清时期科学翻译与科学传播研究。硕士学位论文。安徽：安徽医科大
　　学。

沈国威，2019，《汉语近代二字词研究：语言接触与汉语的近代演化》。上海：华东师
　　范大学出版社。

施蛰存，1990，《中国近代文学大系（翻译文学集）》。上海：上海书店。

石定栩、朱志瑜，1999，英语对香港书面汉语句法的影响——语言接触引起的语言变
　　化，《外国语》（4）：2-11。

石毓智，2021，英语语法影响汉语的一种特殊方式——"进行时"一词的语法功能，《华
　　文教学与研究》（1）：15-23。

司佳，2000，早期英汉词典所见之语言接触现象，《复旦学报（社会科学版）》（3）：
　　60-67。

孙艳，2005，佛经翻译与汉语四字格的发展，《中央民族大学学报》（1）：120-125。

王瑾、黄国文，2006，接触语言学视角中的翻译——广州报章翻译现象分析，《中国翻
　　译》27（5）：67-71。

王寅、严辰松，2005，语法化的特征、动因和机制——认知语言学视野中的语法化研
　　究，《解放军外国语学院学报》（4）：1-5+68。

王克非，1997，《翻译文化史论》。上海：上海外语教育出版社。

王克非，2002，近代翻译对汉语的影响，《外语教学与研究》34（6）：458-463。

王克非，2003，英汉/汉英语句对应的语料库考察，《外语教学与研究》6：410-
　　416+481。

王克非，2012，《语料库翻译学探索》。上海：上海交通大学出版社。

王克非、胡显耀，2008，基于语料库的翻译汉语词汇特征研究，《中国翻译》29（6）：
　　16-21+92。

王克非、胡显耀，2010，汉语文学翻译中人称代词的显化和变异，《中国外语》7（4）：
　　16-21。

王克非、刘鼎甲，2018，基于超大型英汉平行语料库的英语被动结构汉译考察与分析，
　　《外国语》41（6）：79-90。

王克非、秦洪武, 2009, 英译汉语言特征探讨——基于对应语料库的宏观分析,《外语学刊》146（1）: 102-105。

王克非、秦洪武, 2017, 基于历时复合语料库的翻译与现代汉语变化考察,《外语教学与研究》49（1）: 37-50+159。

王力, 1943/1985,《中国现代语法》。北京: 商务印书馆。

王力, 1947,《中国现代语法》。上海: 商务印书馆。

王力, 1955,《中国语法理论》。北京: 中华书局。

王力, 2005,《汉语语法史》。北京: 商务印书馆。

王力, 1984,《王力文集》。济南: 山东教育出版社。

夏云、卢卫中, 2016, 英汉法律语言接触对中文法律语言变化的影响研究,《北京第二外国语学院学报》38（6）: 71-80+131。

肖忠华, 2012,《英语翻译中的汉语译文语料库研究》。上海: 上海交通大学出版社。

谢天振, 2009,《中西翻译简史》。北京: 外语教学与研究出版社。

谢耀基, 1990,《现代汉语欧化语法概论》。香港: 香港光明图书公司。

徐秀玲, 2018, 基于复合语料库的翻译汉语 “这/那” 回指研究,《解放军外国语学院学报》41（2）: 29-36+54。

徐佐浩、蒋跃, 2021, 翻译汉语的活动度——基于在线语料库的研究,《外语教学与研究》53（1）: 113-123+161。

许家金, 2020, 基于语料库的历时语言研究述评,《外语教学与研究》52（2）: 200-212+319。

姚琴, 2013, 基于平行语料库的《红楼梦》意义显化翻译考察——以霍译本林黛玉人物特征为例,《外语教学与研究》45（3）: 453-463+481。

赵秋荣, 2013, 翻译与现代汉语白话文的发展。博士学位论文。北京: 北京外国语大学。

赵秋荣、王克非, 2014, 现代汉语话语重述标记的语料库考察,《中国翻译》35（5）: 25-29+128。

赵秋荣、王克非, 2020, 从定语长度扩增看翻译与现代汉语白话文的发展: 以 “一个+修饰语+的+名词” 的定语结构为例,《外语教学理论与实践》01: 74-79+98。

周志培、冯文池, 1985, 英汉语的相互影响——汉语的英语化与英语的汉语化,《新乡师范学院学报（哲学社会科学版）》1985（1）: 102-113。

朱冠明, 2020, “意味着” 和 “是时候VP了” 的来源——兼谈百年来汉语与外语接触方式的变化,《世界汉语教学》34（4）: 500-515。

朱一凡、胡加圣, 2017, 翻译汉语的词簇特征——基于翻译与原创新闻语料库的对比研究,《外语电化教学》(6): 17-24。

朱一凡、胡开宝, 2014, "被"字句的语义趋向与语义韵——基于翻译与原创新闻语料库的对比研究,《外国语》37 (1): 53-64。

朱一凡、秦洪武, 2018, Individualism: 一个西方概念在中国的译介与重构——一项基于语料库的研究,《中国翻译》39 (3): 34-43。

朱一凡, 2011a, 翻译引发现代汉语欧化结构的机制——基于语料库的五四时期汉语欧化结构研究,《外语研究》(6): 76-81+112。

朱一凡, 2011b,《翻译与现代汉语的变迁 (1905—1936)》。北京: 外语教学与研究出版社。

闫艳, 2016, 佛经翻译对汉语音韵学的影响,《学术探索》(3): 92-97。

龙国富、范晓露, 2022, 异质语言特殊用法与语言接触——以汉译佛经中全称量化词"敢"之来源为例,《语言科学》21 (2): 137-147。

推荐文献

Baker, M. 1993. Corpus linguistics and translation studies: Implications and applications. In M. Baker, G. Francis & E. Tognini-Bonelli (eds.). *Text and Technology: In Honour of John Sinclair.* Amsterdam/Philadelphia: John Benjamins. 233-250.

Becher, V. 2011. Explicitation and Implicitation in Translation: A Corpus-Based Study of English-German and German-English Translations of Business Texts. [Ph.D. Dissertation]. Hamberg: Hamberg University.

Campbell, L. 1998. *Historical Linguistics: An Introduction.* Edinburgh: Edinburgh University Press.

Dai, G. R. 2016. *Hybridity in Translated Chinese: A Corpus Analytical Framework.* Singapore: Springer.

Heine, B. & T. Kuteva. 2005. *Language Contact and Grammatical Change.* Cambridge: Cambridge University Press.

House, J. 2016. *Translation as Communication across Languages and Cultures.* London/ New York: Routledge.

Kenny, D. 2001. *Lexis and Creativity in Translation: A Corpus-Based Study.* Manchester: St. Jerome.

Kranich, S., V. Becher, S. Höder & J. House. 2011. *Multilingual Discourse Production: Diachronic and Synchronic Perspectives.* Amsterdam/Philadelphia: John Benjamins.

Krug, M. & J. Schlüter. 2013. *Research Methods in Language Variation and Change.* Cambridge: Cambridge University Press.

Kruger, H. & A. Smith. 2018. Colloquialization versus densification in Australian English: A multidimensional analysis of the Australian Diachronic Hansard Corpus (ADHC). *Australian Journal of Linguistics* 38(3): 293-328.

Kubler, C. C. 1985. *A Study of Europeanized Grammar in Modern Written Chinese*. Taipei: Student Book Co., Ltd.

Labov, W. 1994. *Principles of Linguistic Change (Vol. 1: Internal Factors)*. Oxford: Blackwell.

Lanstyák, I. & P. Heltai. 2012. Universals in language contact and translation. *Across Languages and Cultures* 13(1): 99-121.

Leech, G., M. Hundt, C. Mair & N. Smith. 2009. *Change in Contemporary English: A Grammatical Study*. Cambridge: Cambridge University Press.

Malamatidou, S. 2018. *Corpus Triangulation: Combining Data and Methods in Corpus-Based Translation Studies*. London/New York: Routledge.

Matras, Y. 2009. *Language Contact*. Cambridge: Cambridge University Press.

Olohan, M. 2004. *Introducing Corpora in Translation Studies*. London/New York: Routledge.

Sapir, E. 1921. *Language: An Introduction to the Study of Speech*. New York: Harcourt, Brace & World, Inc.

Teich, E. 2003. *Cross-linguistic Variation in System and Text: A Methodology for the Investigation of Translations and Comparable Texts*. Berlin/Boston: Walter de Gruyter.

Thomason, S. G. 2001. *Language Contact: An Introduction*. Edinburgh: Edinburgh University Press.

Trudgill, P. 2011. *Sociolinguistic Typology: Social Determinants of Linguistic Complexity*. Oxford: Oxford University Press.

Weinreich, U. 1953. *Language in Contact: Findings and Problems*. The Hague: Mouton.

Winford, D. 2003. *An Introduction to Contact Linguistics*. Oxford: Blackwell.

Zanettin, F. 2012. *Translation-Driven Corpora: Corpus Resources for Descriptive and Applied Translation Studies*. London/New York: Routledge.

Zenner, E., A. Backus & E. Winter-Froemel. 2018. *Cognitive Contact Linguistics: Placing Usage, Meaning and Mind at the Core of Contact-Induced Variation and Change*. Berlin/Boston: Walter de Gruyter.

戴光荣, 2013,《译文源语透过性效应研究》。上海: 上海交通大学出版社。

郭鸿杰, 2005,《英语对现代汉语的影响》。上海:上海交通大学出版社。

贺阳, 2008,《现代汉语欧化语法现象研究》。北京: 商务印书馆。

胡开宝, 2011,《语料库翻译学概论》。上海: 上海交通大学出版社。

庞双子, 2021,《基于新型历时复合语料库的翻译汉语特征研究》。上海: 上海交通大学出版社。

秦洪武、夏云, 2017,《基于历时语料的翻译与现代汉语互动研究》。上海: 上海交通大学出版社。

王克非, 2012,《语料库翻译学探索》。上海: 上海交通大学出版社。

王力, 2005,《汉语语法史》。北京: 商务印书馆。

肖忠华, 2012,《英语翻译中的汉语译文语料库研究》。上海: 上海交通大学出版社。

朱一凡, 2011b,《翻译与现代汉语的变迁 (1905—1936)》。北京: 外语教学与研究出版社。

索引

第三语码 5, 14-15, 19, 80, 85, 131, 133, 165, 168-170, 172

调节性特征 82-83, 92

多元统计 38, 40, 85, 128, 131, 167, 170

翻译 1-2, 5-8, 10, 12-16, 18-27, 30-32, 34-59, 67-103, 105-117, 120-123, 125-173

翻译创新性 106, 166

翻译共性 5, 12-13, 16, 21, 79-80, 84, 87, 133, 137, 165, 172

翻译文本呈现不足 84, 92

翻译显化特征 81-82, 86, 133

方差分析 38-40, 171

改编 3, 47, 50, 81-83, 89, 91, 97, 103, 106, 111, 152-154, 162

干扰 2-4, 6-7, 21, 36, 54, 56, 71, 78-79, 81, 84, 100-101, 122, 126, 140, 146, 149-151, 159

汉外语言接触 113-115, 138

间接接触 2, 112, 115, 148

接触引发的语言变化 3, 25, 145

接触语言变体 15, 20-21, 44, 67, 165, 170

接触语言学 3-4, 20, 25-26, 32, 83, 86-87, 93, 97, 106, 117, 150-151, 154, 171

跨语言对比 56-58, 68, 72-74, 93

类比语料库 23-24, 34-36, 42, 45, 47, 49-50, 52, 54, 58, 64-69, 73, 79-80, 83, 89, 91, 100, 108-111, 123-124, 126, 128, 130, 133-136, 158, 164, 167-168, 170

历史语言学 2-4, 6-7, 16-19, 25-27, 33, 78, 80, 99, 139-140, 167, 171, 173

欧化 23, 66, 72, 98-99, 115-117, 120-124, 126, 129-130, 132, 138, 147-148, 152

平行语料库 24, 31, 35-36, 42-43, 45, 47-49, 52, 54, 57-59, 68-70, 72-73, 79, 83, 91, 100, 107-111, 114, 123-124, 128-131, 133-136, 148, 158, 164, 167-168, 170-171

受限语言 15, 85, 165, 172
田野调查 8-9, 54
透过翻译的语言接触 1, 15, 20, 22-23,
    25, 37, 56, 79-80, 82, 97, 99, 101,
    107, 109-110, 133, 140-141, 143,
    146-147, 149-153, 155-156, 159,
    162-163, 167
凸显 5, 20, 53, 58, 151, 163, 169
文本分析 74, 92
相关性 37-39, 102, 148
新奇度 151, 163
选择性复制 7, 151, 154, 156-157, 166
隐性翻译 13, 15, 22, 42-43, 49-51
语料库翻译学 5, 8, 12, 15, 19, 23, 34-35,
    38, 54, 78, 85, 132, 165, 170

语料库路径 2, 8, 10, 25
语料库语言学 5, 7-8, 10-12, 18, 26-27,
    32-33, 54, 66, 79, 165
语码复制 20, 29-30, 38-39, 47, 81, 83,
    89-90, 92-94, 117, 146, 150-158,
    162-163, 166, 168-169
语言接触 1-12, 14-35, 37-38, 40, 42,
    44, 48, 50, 53-59, 61-62, 64, 66-
    67, 69, 72-87, 89, 92-103, 107,
    109-133, 135, 137-156, 158-160,
    162-173
源语透过性 13, 35-36, 57, 68-69, 79-81,
    86, 92, 105, 128, 132-133, 135-136,
    144, 155, 161, 165, 167, 169-170
直接接触 2, 160